版权声明

Basics of Developmentally Appropriate Practice: An Introduction for Teachers of Children 3 to 6.

Copyright © 2006 by the National Association for the Education of Young Children. All rights reserved.

保留所有权利。非经中国轻工业出版社"万千教育"书面授权,任何人不得以任何方式(包括但不限于电子、机械、手工或其他尚未被发明或应用的技术手段)复印、拍照、扫描、录音、朗读、存储、发表本书中任何部分或本书全部内容,以及其他附带的所有资料(包括但不限于光盘、音频、视频等)。中国轻工业出版社"万千教育"未授权任何机构提供源自本书内容的电子文件阅览、收听或下载服务。如有此类非法行为,查实必究。

Basics of Developmentally Appropriate Practice
An Introduction for Teachers of Children 3 to 6

3—6岁儿童发展适宜性教育

〔美〕Carol Copple，Sue Bredekamp／著

胥兴春　姜　晓／译

中国轻工业出版社

图书在版编目（CIP）数据

3—6岁儿童发展适宜性教育／（美）卡罗尔·科普尔（Carol Copple），（美）休·布雷德坎普（Sue Bredekamp）著；胥兴春，姜晓译．—北京：中国轻工业出版社，2022.5

ISBN 978-7-5184-3886-0

Ⅰ．①3… Ⅱ．①卡…②休…③胥…④姜… Ⅲ．①儿童教育-研究 Ⅳ．① G61

中国版本图书馆 CIP 数据核字（2022）第 044670 号

总 策 划：石 铁
策划编辑：吴 红　　　　　责任终审：张乃柬　　责任校对：万 众
责任编辑：吴 红 牟 聪　　责任监印：刘志颖

出版发行：中国轻工业出版社（北京东长安街6号，邮编：100740）
印　　刷：三河市鑫金马印装有限公司
经　　销：各地新华书店
版　　次：2022年5月第1版第1次印刷
开　　本：880×1230　1/32　印张：4.375
字　　数：50千字
书　　号：ISBN 978-7-5184-3886-0　定价：36.00元
读者热线：010-65181109，65262933
发行电话：010-85119832　传真：010-85113293
网　　址：http://www.chlip.com.cn　http://www.wqedu.com
电子信箱：1012305542@qq.com
如发现图书残缺请与我社联系调换
220187Y1X101ZYW

译 者 序
——做一名适宜儿童发展的教育者

我国学前教育改革呼唤发展适宜性教育

从2010年开始,随着《国务院关于当前发展学前教育的若干意见》(简称"国十条")的颁布及连续三期的"学前教育三年行动计划"的实施,我国学前教育基本实现了普及与普惠发展,正迈向全面普及和高质量的发展阶段。教育部于2021年和2022年相继印发了《关于大力推进幼儿园与小学科学衔接的指导意见》和《幼儿园保育教育质量评估指南》,旨在引导幼儿园遵循儿童身心发展规律,坚持保育和教育结合,深化幼儿园教育改革,促进和引导幼儿园提高保教质量和办园水平。由此可见,我国学前教育保教质量整体上仍有待提高,还存在明显的"小学化"倾向,在近期及未来较长的一段时间内,基于儿童发展规律、实施以游戏为基础的科学保教活动仍然是我国学前教育发展的重要任务。而当前我国幼儿教师对于如何有效关注儿童并遵循儿童发展规律及实施科学保教等仍缺乏足够准备。

20世纪七八十年代，美国也面临着应对"学前儿童如何学才能为入小学做好准备"的困境。[1] 全美幼教协会（National Association for the Education of Young Children，NAEYC）组织专家团队，于1987年以立场声明的形式提出了幼儿教育的原则，并于1997年和2009年两度修订而形成了发展适宜性教育（Developmentally Appropriate Practice，DAP）价值理念和实践体系。发展适宜性教育很快成为美国幼儿教育界最受欢迎的理念之一，其《立场声明》被称为幼儿教育界的"绿色圣经"。发展适宜性教育不仅成了美国幼儿教育的行动指南和评估标准，还对世界各国的学前教育产生了深刻的影响。

《3—6岁儿童发展适宜性教育》一书由全美幼教协会的卡罗尔·科普尔（Carol Copple）教授和休·布雷德坎普（Sue Bredekamp）教授共同完成。科普尔教授和布雷德坎普教授在出版《0—8岁儿童发展适宜性教育》[2]（*Developmentally Appropriate Practice in Early Childhood Programs Serving Children from Birth through Age 8*）后，进一步聚焦于3—6岁

---

[1] 周晶，郭力平. 从理想到现实："发展适宜性实践"的发展变化[J]. 学前教育研究，2016（1）：3-8.

[2] 此书中文简体版已由中国轻工业出版社于2021年出版。

儿童的学习与发展问题,在本书中简要地介绍了幼儿发展适宜性教育的基础,它是幼儿教育工作者熟悉发展适宜性教育关键要素的第一步。通过阅读本书,新手教师可以了解该领域的核心思想,有经验的教师可以发现很多熟悉的东西。它能让幼儿教师更清楚地了解为什么你会在课堂上做一些事情,以及为什么做某些事情要比做其他事情效果好。更为重要的是,发展适宜性教育理念可为新时期我国幼儿教师更好地实施《幼儿园教育指导纲要(试行)》,践行《3—6岁儿童学习与发展指南》(简称《指南》),科学做好幼小衔接及提高幼儿园保教质量等提供有价值的参考。

如何理解发展适宜性教育

"发展适宜性教育"概念本身是一个新词,尽管幼儿教育工作者可能听说过,但大多数人并不理解其中的含义。因此,我们需要理解发展适宜性教育的关键词,然后才能更好地阅读本书并用以指导我们的幼儿教育实践。

▶ "发展"是什么

"发展"一词是来源于发展心理学的概念,也是发展适宜性教育的核心与基础。简单地说,发展就是个体随年龄的增长，在外部环境作用下发生的一系列生理、心理和社会适应的连续变化过程。从个体早期来看，发展就是儿童通过学习与实践活动产生变化的过程。发展适宜性教育的核心理念基于儿童的已有发展，并致力于通过学习与教育活动促进儿童的发展。所以，幼儿教师要从关注教师如何教转向关注儿童如何学，教育教学活动应充分考虑儿童的已有发展水平和身心特点，为儿童创造并提供适宜的环境、材料和活动，为儿童成长做好准备和支持。

▶ "适宜性"是什么

发展适宜性教育的另一个核心概念是"适宜性"。在DAP中，适宜性包括年龄适宜性、个体适宜性和文化适宜性。所有的教育活动都会对儿童产生影响，但只有具有"适宜性"的教育活动才能真正促进儿童的发展。"适宜性"也是DAP研究中出现频率很高的词语，而且人们提出了"发展不适宜性教育"（Developmentally Inappropriate Practice，DIP）的概念，并通过区分"适宜性"与"不适宜性"来进一步说明适宜性的基本内涵。维果茨基的"最近发展区"概念已经体现出教育要适宜儿童的发展水平。凡是处于儿童现有发展水平与在成人帮助下达到的水平之间的最近发展区内的教育就是适宜的，也是有助于促进儿童发展的，而超出最近发展区的教育则是不适宜的。最近发展区的观点也能帮助我们更好地理解适宜性的内涵。因此,所谓是否具有适宜性,主要是看教育活动是否以儿童为中心、是否关注儿童的发展。而在幼儿教育活动中,我们需要辩证地看待适宜与不适宜,幼儿教师的教育教学活动在发展适宜性上是一个连续体,它通常处于该连续体中的某一处。[1]

▶ "教育"是什么

我们通常会将"发展适宜性"理解为一种理念、方案或教育模式,但全美幼教协会采用"教育"(practice,也可译为"实践")一词来表述。布雷德坎普教授认为,"教育"一词包含多重含义,幼儿教师做他们该做的所有事情(如教学、与家长建立联系等)都属于"教育"的范畴,它比我们所理解的"教育"的含义更为广泛,幼儿教师的任务与角色也不仅仅是"教",还要创设环境、建立家园联系等。[2] "教育"一词丰富的内涵反映出幼儿教育本身就是一种实践,包括教师的实践活动与儿童的实践活动,这与《指南》中提出的"最大限度地

---

[1] 梁玉华,庞丽娟. 发展适宜性教育:内涵、效果及其趋势[J]. 全球教育展望,2011(8):53-58.

[2] 周晶,郭力平. 从理想到现实:"发展适宜性实践"的发展变化[J]. 学前教育研究,2016(1):3-8.

支持和满足幼儿通过直接感知、实际操作和亲身体验获取经验的需要"的观念完全一致。

因此,作为一种教育理念与实践活动,发展适宜性教育基于儿童的发展水平,并有助于儿童达到具有挑战性和可实现性的目标,进而帮助儿童不断地学习与发展。年龄适宜性、个体适宜性和文化适宜性则是发展适宜性教育的核心理念。

如何成为一名发展适宜性教育者

发展适宜性教育经过30多年的发展,逐渐形成了包括价值理念、行动指南及评估标准等在内的完善体系,并对美国及世界各国的学前教育产生了深远的影响。近年来,我国也有不少关于DAP教育的系列研究和翻译书籍。作为一种教育理念,发展适宜性教育与当前我国学前教育改革的思路有许多相通之处,尤其是在转变幼儿教师的教育观念、科学地做好入学准备及践行《指南》等方面很有启发性。尽管发展适宜性教育在我国的部分幼儿园中也得到了实践,但由于DAP并非具体的课程方案,再加上文化的差异性,我国幼儿教师对DAP的理解和教育实践难以深入。本书从发展适宜性教育的基础知识和基本框架入手,提出幼儿教师使用DAP的工作指南,这为我国幼儿教师了解和实践DAP提供了适宜的路径。

译者序

▶ 关注儿童如何学习

发展适宜性教育理念产生的重要背景就是从关注教师的教转向关注儿童的学,这也是近年来我国学前教育改革的重要走向。由于受班级授课制等传统教育观念的影响,我国幼儿教师大多习惯并擅长从教师教学的角度开展幼儿教育。在本书中,发展适宜性教育指出,儿童的学习是积极的和亲自参与的,"在课堂内外,幼儿唯有积极参与才能学得最好"。当儿童玩耍、探索、实验、与人和物互动时,他们总是试图理解这些经历并发生学习;有意义的经历也是儿童学习的重要契机,他们能把新知识与已学过的知识联系起来,并将新的线索组织进他们已有的知识与经验结构之中。儿童的这些学习特点要求幼儿教师在教育实践中转向对幼儿学习的关注,了解幼儿的学习方式与特点,通过环境创设、材料投放及适时支持,促进儿童的高质量学习与发展。

▶ 以游戏引导并促进儿童发展

游戏是儿童的生活,也是儿童认识与探索外部世界的重要方式,而高水平游戏中的投入水平是学业成功的最佳预测因素之一。发展适宜性教育指出,"在游戏中,儿童做出选择,解决问题,对话交流和协商。他们创造假想的事件,并练习身体、社交和认知技能"。通过这些方式，游戏成了促进儿童学习与发展的社会环境。在发展适宜性教育中，教师的重要职责是为幼儿创造各种游戏环境，提供游戏材料，引发幼儿自发自主的游戏活动，并在游戏活动中产生新的学习。当前在我国的幼儿教育实践中，教师逐渐认识到游戏的重要价值，并通过课程的游戏化为幼儿提供各种游戏环境和内容支撑。但这还不够，因为只有高水平的游戏才是高质量和深度学习产生的基础。目前许多幼儿教师对游戏的认识和重视还只是停留在"放手让幼儿玩"的水平，而真正高质量的游戏需要教师的支持与引导，而非单纯的"放手"。游戏是幼儿学习的基本形式，幼儿教师应该知道在什么时候、为什么以及如何去帮助儿童游戏，从而丰富儿童在游戏中获得的学习经验。[1] 因此，这就需要幼儿教师真正了解儿童的游戏需求和水平，创设具有一定挑战性的游戏情境，引发幼儿的游戏兴趣和欲望，并适时、适宜地提供支持与指导，通过游戏引导并促进儿童的发展。

▶ 成为有效的幼儿教师

发展适宜性教育基于幼儿如何学习与发展的知识，它是教师基于儿童的年龄适宜性、个体适宜性以及文化适宜性，

---

[1] 张瑾. 美国发展适宜性实践理论研究[D]. 北京：中央民族大学，2011.

对儿童的幸福和教育做出决策的过程。适应"发展适宜性教育"的教师是有准备的和有效的教师。她们在深思熟虑的基础上准备各个教育环节,而精心设计环境是其中最重要的工作;教学活动是指儿童在教师精心提供的环境和精心制作的材料中自由地探索。[1] 因此,有效的教师实质上是儿童发展环境的创造者,是儿童在对环境进行探索时的观察者和引导者。发展适宜性教育制定了有效教师工作的五角星模型及其实施流程,并以此指导幼儿教师的教育实践。有效教师的工作具体包括:创建一个充满关爱的学习共同体、开展促进学习和发展的教学、制订合适的课程计划、评估儿童的学习和发展、发展与家庭的互惠关系等。发展适宜性教育强调,有效的幼儿教师需要具备儿童学习和发展的知识,并在教育场景中做出适宜儿童发展的教育决策和反思。从课程内容的选择到课程计划的实施,再到儿童评估、家园合作等都需要教师根据儿童的发展情况做出决策。

▶ 具备儿童的年龄特征、个体差异及社会文化知识

幼儿教师的教育对象是儿童。教师的环境创设、课程教学、材料提供、师幼互动等决策,必须基于对儿童全面且充

---

[1] 霍力岩,李敏谊. 建构适合中国儿童的"发展适宜性课程"[J]. 教育导刊,2010(8):4-6.

分的了解：儿童的学习和发展到达了哪个阶段？是以个体的形式，还是以小组的形式？哪些目标对他们来说是具有挑战性和可实现性的，以及哪些是不可实现的？只有具备充足的儿童相关知识，才能做出适宜的教学决策。全美幼教协会最早提出的发展适宜性教育，本意就是指"与儿童发展相适宜"的教育。DAP最初包括两个方面：一是年龄适宜性，指年龄相同的儿童具有普遍的特征、能力和行为，教师应当根据儿童在某个年龄阶段的典型发展状况，向其提供适宜的教育经验；二是个体适宜性，指教师必须考虑每个儿童的特殊需要，应当适宜儿童的个体差异。后来DAP又增加了文化适宜性，指儿童来自不同的文化背景，教师不仅要考虑儿童的发展，还要考虑其文化和语言的特殊性。从发展适宜性教育理论的发展历程可以看出，DAP的核心主张是幼儿教师在进行教学活动前需要具备三方面的知识，即儿童发展的普遍性知识、儿童的个体差异性知识和儿童的文化背景性知识。尽管文化适宜性是基于美国多元文化的社会背景提出来的，但它对我国幼儿教育实践也具有积极的意义，即幼儿教师必须考虑并基于来自不同家庭及社区儿童的特殊性展开教学决策和教育实践。

发展适宜性教育作为一种在全世界有着重要影响力的教育理念，其关注儿童的学习过程及教师应具备的三类儿

译者序

知识的核心主张，对当前我国学前教育改革的确具有重要的启发和借鉴价值。但正如发展适宜性教育中的文化适宜性一样，我们在借鉴和使用DAP理念时也应该充分考虑并结合我国不同地区的社会文化差异。同时，发展适宜性教育关注儿童的学习过程，倡导以适宜的方式促进儿童的内在发展，而现有的学习标准却无法有效地实现对儿童学习过程的评估，这也导致人们质疑发展适宜性教育理念。因此，在学习、借鉴与使用发展适宜性教育的过程中，我们必须基于我国的国情及当前学前教育发展的实际情况，探索出适宜我国本土文化的实践模式。

本书由胥兴春（西南大学教育学部教授，博士，硕士生导师）和姜晓（硕士，青岛市上合示范区实验幼儿园教师）负责翻译，全书由胥兴春负责统校。"万千教育"的吴红先生在图书翻译与出版过程中进行了大量的联络及统筹工作，在此一并表示感谢！

胥兴春
2022年4月于西南大学

前　　言

这本小书的目的是以3—6岁幼儿为关注对象，向读者简明扼要地介绍发展适宜性教育的基础。

"发展适宜性教育"一词，或简称DAP，涵盖了幼儿教育者工作的核心思想。要全面了解DAP并在课堂上有效地使用它，需要学习和思考的东西比本书介绍的要多得多。就像"DAP从何而来？"的文本框中所描述的，我们对发展适宜性教育的原则和指导方针，以及0—8岁儿童的发展进行了全面且详细的阐述（Bredekamp & Copple，1997）。其他一些出版物中也提到了这一点（参见Hart，Burts，& Charlesworth，1997；Gestwicki，1999；Kostelnik，Soderman，& Whiren，1999），还有一些人将发展适宜性教育的原则应用于课程的具体领域，如读写和数学（Copley，2000；Neuman，Copple，& Bredekamp，2000）。如果你继续在幼儿教育领域深造或工作，你会想要了解更详细的关于DAP的书籍，以及全美幼教协会和类似出版机构为教师、看护者、管理者和家庭所提供的其他有关DAP的资源。

我们提供本书作为你熟悉发展适宜性教育关键要素的第一步。如果你是这个领域的新手，它将向你介绍该领域的核心思想的定义。如果你已经具有了几年的工作经验，你会在这本入门书中发现很多你熟悉的东西。我们希望它能让你更清楚地了解为什么你会在课堂上做一些事情，以及为什么做某些事情要比做其他事情效果好。这样你就能更好地与家长交流你的项目进展情况。无论你是新手，还是具有工作经验的熟手，我们都希望这本书能帮助你提高与儿童一起工作时的效率。

本书的内容

本书主要分为三个部分。第一部分——什么是发展适宜性教育？这一部分解释了我们所说的DAP的含义以及为什么教师做出的决策是至关重要的。

第二部分——发展适宜性教育者。这一部分提供了遵循DAP原则的良好教学的五个关键方面：创建一个充满关爱的学习共同体；开展促进学习和发展的教学；制订合适的课程计划；评估儿童的学习和发展；发展与家庭的互惠关系。每一章都包含了践行发展适宜性教育理念的例子。

本书的第三部分——关于发展适宜性教育的问题。该部分回答了我们多年来从教育工作者、管理者和家长那里收到的关于发展适宜性教育最常见的问题。它们将帮助你分清真实与虚构的问题,并进一步深化你对概念的理解。

最后,我们提供了不同年龄段的幼儿学习和发展情况的概述,并提供了参考文献和拓展资源,在你成长为发展适宜性教育者的道路上提供指引。

词汇速览:在本书中,"教师"一词指的是在任何早期教育项目中负责一组儿童的所有成人,包括中心式和家庭托幼机构的照护人员和履行教师职责的其他学科专家。同样,"班级"和"教室"不仅意味着中心的环境,还包括儿童和教师的所有分组形式。

DAP从何而来?

当全美幼教协会第一次提出某一特定活动可能适合(或不适合)特定年龄层的儿童时,这早已不是一个新颖的想法。心理学家和教育家长期以来一直在使用这个概念。但在20世纪80年代中期,当全美幼教协会创建了一个用于认证幼儿项目的体系时,更具体地描述此概念的需求变得明显起来。由于认证指南要求项目为儿童提供"发展适宜性体验"和材料,所以全美幼教协会需要给出该词语的具体含义。

这样的描述基于幼儿教育者通过儿童发展理论、研究和实践所获得的对幼儿的了解。全美幼教协会率先介入该领域，仔细考虑在与不同年龄的儿童一起活动时，哪些实践是适宜幼儿发展的。其于1986年发表了一份关于学龄前儿童发展适宜性教育的声明，并于1987年将相关儿童的年龄范围扩展到从出生到8岁。

从一开始，对发展适宜性教育的描述就被看作动态的，而不是一成不变的——是在某一特定时间点上的最佳考量。当然，关于发展适宜性教育的任何立场声明都将会定期地被重新审视，以反映该领域知识和思想的演变。1994年，审议修订1987年声明的工作开始了。在两年的时间里，全美幼教协会邀请来自该领域的专家小组在会议和其他论坛上发表意见，阅读与发展适宜性教育有关的最新研究和批判意见，开展工作、讨论和辩论，并将工作结果反馈给早期教育领域中的人员以获得更多的评论和改进。

其最终结果是一项关于发展适宜性教育的新声明（NAEYC，1996）。该声明由全美幼教协会理事会通过，并作为《0—8岁儿童发展适宜性教育》（Bredekamp & Copple，1997）的一部分出版，声明描述了早期教育领域的主要共识。虽然有些人不同意其中的某些方面，但大多数幼儿专家表示普遍同意全美幼教协会阐明的发展适宜性教育的基本原则和指导方针。

作者简介

卡罗尔·科普尔（Carol Copple）在全美幼教协会从事出版和专业化发展工作。她曾在路易斯安那州立大学和新成立的社会研究学院任教。在教育考试服务中心，她与其他工作者共同开发并指导了一套基于研究的学前教育模式，并对儿童的认知和学习进行了研究。科普尔博士和休·布雷德坎普（Sue Bredekamp）一起编辑并出版了全美幼教协会的《0—8岁儿童发展适宜性教育》（*Developmentally Appropriate Practice in Early Childhood Programs*，1997）。她还与人合著了《学习读与写：幼儿发展适宜性教育》（*Learning to Read and Write: Developmentally Appropriate Practices for Young Children*）和《培养年轻的思想家——促进认知发展的课堂策略》（*Educating the Young Thinker: Classroom Strategies for Cognitive Growth*），并为家长们撰写了大量的文章。她于康奈尔大学取得博士学位。

休·布雷德坎普(Sue Bredekamp)是华盛顿特区专业认可委员会的研究主任。她曾担任"科学教育计划"(Resources for Involving Scientists in Education,RISE)和"开端计划"办公室(Head Start Bureau)的顾问。她开发并讲授了一门名为"当心!阅读"(Heads Up! Reading)的关于早期读写能力的卫星电视课程。1981—1998年,她担任了全美幼教协会认证与专业发展部主任。在此期间,她与人合作撰写了大量有影响力的协会立场声明和出版物,涉及认证标准、发展适宜性教育、课程与评估以及学习读写等方面。她于马里兰大学取得博士学位。

目 录

1. 什么是发展适宜性教育? ·······1
   主要观点 ·······2
   决定什么是具有发展适宜性的 ·······8
   幼儿是如何学习和发展的 ·······16

2. 发展适宜性教育者 ·······25
   发展适宜性教育指南 ·······27
   创建一个充满关爱的学习共同体 ·······28
   开展促进学习和发展的教学 ·······34
   制订合适的课程计划 ·······47
   评估儿童的学习和发展 ·······54
   发展与家庭的互惠关系 ·······59

3. 关于发展适宜性教育的问题 ·······65

4. 一幅变化的景象:3—5岁的儿童 ·······79

参考文献 ·······103

拓展资源 ·······109

1

什么是发展适宜性教育?

主 要 观 点

发展适宜性教育（DAP）是指以如下方式教育儿童：

◆ 满足儿童的需要，无论是以个体的形式，还是以小组的形式；
◆ 帮助每个孩子达到具有挑战性和可实现性的目标，进而帮助他（她）不断地学习和发展。

其实还有更多的内容，但这就是主要观点。

对于幼儿教师来说，了解幼儿如何学习和发展是至关重要的。你对班上孩子的思考和学习方式了解得越多，你所提供的教育就会越有效和越令人满意。从教室布置到课程计划，你都将会获得更清晰的行动指导。

1. 什么是发展适宜性教育？

▶ 满足儿童的需要

我们对学生时代的记忆很可能全是疲于完成各种习题和考试，或者坐在课桌前听教师讲课。这些印象并不能为我们建立良好的幼儿班级提供多少帮助。在本书的其他部分中，你会读到更多关于幼儿如何学习以及幼儿的学习如何随其年龄和发展水平而变化的内容。然而，要想以一种适宜发展的方式开展教学，你需要对儿童的学习和发展以及不同年龄阶段儿童的情况有一个全面的了解。如果只考虑一个年龄段儿童的"典型特征"，或者试图以一种放之四海而皆准的方式教育孩子，你不会有多大的成功。让我们暂时不说幼儿教育环境，先来看看一个日常发生的场景，它将说明这两点。

托德是一位13—15岁女子足球联赛冠军队的教练。他很清楚这个年龄阶段的女孩喜欢什么、能胜任什么以及对她们来说通常的困难是什么，他也有指导和训练她们的经验。在训练的第一天，根据以往的常识和经验，他知道自己不能像指导大学校队队员那样使用高级的技术和技巧，也不能一开始就简单地解释说："你用脚去踢这个球。"他会根据自己对这个年龄段儿童的典型特征的理解，制订总体训练计划。

现在，当女孩们在本赛季第一次上场时，托德教练密切地关注着每一个人，也关注着球队的团队配合。他对每名球员都有了解——她的优势和不足，她的脾气，她有多少经验。在此基础上，他会决定从哪里开始训练这些女孩，然后在赛季进行的过程中持续观察和调整每名球员以及球队的整体配合。

像托德这样的成功教练知道，他必须满足学习者的需要，无论是以个体的形式，还是以团队的形式。把指导目标定得过低，不仅会浪费学习者的时间，还会显示出对学习者的不尊重；把指导目标定得过高，学习者会感到无助和沮丧。这是任何教学都要遵循的基本原则。

好的教师会在班级里持续地观察孩子们的游戏，以及他们与物理环境和其他孩子的互动情况，以了解每个孩子的兴趣、能力和发展进程。基于这些个性化的信息，以及对这个年龄组儿童的常识，我们计划以体验活动促进儿童的学习和发展。例如，在一个由4岁儿童组成的班级里，"满足儿童的需要"的情形可能是这样的：

玛丽卡注意到蒂姆迷上了操场上的蚁冢，她建议他拿放大镜更仔细地观察蚂蚁及其活动。过了一会儿，玛丽卡巡查后回来，发现他拿着放大镜趴在地上。她决定明天带一本关于蚂蚁的书来，甚至可以帮这个孩子找一个介绍蚂蚁知识的好网站，或者同时做这两件事。

因为班上的一些孩子只懂一点英语，所以莉萨知道她需要尽可能地提供一些非语言线索，例如提供图片、实物、手势和演示。

罗斯班上有几个孩子从来不去计算机区，他经询问得知这些孩子家中没有计算机。于是他安排机会让孩子们在计算机上做一些与他们最喜欢的活动和兴趣相关的简单的事情，比如让他们为戏剧表演区的餐馆设计标牌。

▶ 帮助孩子达到具有挑战性和可实现性的目标

满足学习者的需要是必要的，但是，没有一个好教练会让他的队员原地踏步。托德教练的目标是一直帮助每个女孩尽可能地提高她的足球技能和理解力，同时确保她仍然喜欢这项运动，并愿意继续坚持下去。

这些原则也同样适用于教学。学习者会从他们已知的和能够操作的材料或经验中收获更多，也会对他们至今还不知道或仍不会做的事情做出一些尝试。

以给4岁的孩子挑选书籍为例。对于一个学步儿，甚至更大的儿童来说，简单的硬板书是不错的选择。但对于大多数学龄前儿童来说，这并没有挑战性，而分章节的图书将远远超出大多数4岁孩子的阅读能力。学龄前儿童更有可能从绘本中受益，绘本不仅以熟悉的方式使用了许多儿童已经知道的词语，还提供了一系列其必须下点功夫才能掌握的新的词汇、句型和表达方式。这样的书会给孩子带来新的想法和体验，它们会推动孩子前进，并为其阅读更高级的书做好准备。同样重要的是，儿童会发现这些触手可及的书非常令人满意和引人入胜。

当这种契合存在时，也就是说，当材料或体验具有挑战性，但并非不合理地超出孩子的能力时，我们说这些材料或体验对该学习者来说具有发展适宜性。

> 发展适宜性教育是指在一定的年龄范围内，教学决策应根据不同儿童的年龄、经验、兴趣和能力做出改变。

✾　✾　✾

1. 什么是发展适宜性教育？

下面是一些关于发展适宜性教学的概括：

- 考虑到学习者的生理、情绪、社会性和认知的发展与特点，满足学习者的需要。
- 为学习者确定既有挑战性，又有可实现性的目标——一次延伸，但并非不可能的飞跃。
- 要认识到，使某件事具有挑战性和可实现性的因素是不同的，这取决于学习者在各个领域的发展情况，包括其经验、知识和技能水平，以及产生学习机会的环境。

目的性是发展适宜性教学的基石。满足学习者的需要，帮助他们达到具有挑战性和可实现性的目标，这样的教学不是偶然发生的。好教师做的每一件事——从教室布置到学生评估，再到课程规划——都是有目的的。他们对自己所采取的行动的目标很明确且深思熟虑，他们的行动基于该项目试图帮助儿童达到的结果。即使在应对意外的教育契机时，有目的性的教师也会受到这些结果的方向引领。

一个具有教育目的性的教师会帮助孩子明晰学习目标，深思熟虑地选择教学策略，不断评估孩子的进步，并及时调整策略，以使孩子能够实现这些目标。一个具有教育目的性的教师还会在心中牢记目标和计划，并做好告诉家长、管理者、同事"他们在做什么"的充分准备。他们不仅知道要做什么，还知道为什么要做，并能描述出理由。

决定什么是具有发展适宜性的

致力于发展适宜性教育的教师会在他们所做的关于材料、互动、课程和教学的决定中实施这一理念。为了做出正确的决定，他们必须对班级里的孩子了解很多。这些孩子的学习和发展到达了哪个阶段？是以个人的形式，还是以小组的形式？哪些目标对他们来说是具有挑战性和可实现性的，以及哪些目标是不可实现的？

我们在收集资料和做出决定时应考虑三个基本因素：

①考虑年龄适宜性，即我们要基于对特定年龄儿童的学习和发展的了解做出决定。

> 想想46岁和48岁的人之间的不同。你可能分不清他们在年龄上的差异。但对孩子来说却不是这样的。现在想想1岁和3岁，或者3岁和5岁孩子的巨大差异。两年的时间形成了多么大的差异啊！对于年幼的孩子来说，甚至仅仅是一个月或一个星期都会产生非常明显的变化。

1. 什么是发展适宜性教育？

儿童不是缩小版的成人。他们以不同于成人的方式思考、游戏、感受和看待世界，并且这些方式会随着他们的成长和学习而改变。年龄是孩子性格、能力和理解力的重要预测因素。了解这些与年龄有关的特征，虽然只是工作的起点，但对幼儿教师的有效工作至关重要。（"一幅变化的景象：3—5岁的儿童"，从本书第79页开始，总结了不同年龄段儿童的共同能力和行为。）

对儿童的发展了解甚多的教师，能够对"某年龄段的孩子是什么样子"以及"怎样才是对他们有益的"做出长远的预测。这一知识使我们能够做出一些初步决定，并对我们的计划将是该年龄段儿童发展的适当起点充满信心。例如：

埃琳娜班上有四五岁的孩子，她正计划为他们举办一场艺术活动。她知道，当孩子们到4岁时，涂鸦活动通常已经被用图形表示环境中的物体取代。她计划讨论他们最近的公园之行，以促成这样的绘画活动。埃琳娜还强调要提供一系列的艺术材料，因为在她的班级中，大多数较年幼的孩子的精细运动技能不同于年龄较大的班级成员。

因此，年龄很重要——它让我们开始衡量什么样的方法和经验对特定年龄段的孩子最有效。与此同时，好的教师能认识到每个个体和群体都是不同的。平均数和常数永远不能代表全部,不是吗?总会有显著的个体差异存在,这就要求我们了解第二个因素。

②考虑个体适宜性,即与每个孩子的个体性相协调。

有效的教师会了解一个群体中的每一个孩子,并密切地观察他们。从这些观察中,我们可以做出更具体的计划和调整,以适应儿童在不同的发展领域内的不同发展速度。例如,埃琳娜班上的一些4岁孩子已经能做一些5岁孩子才会做的事情,而一些大一点的孩子还没有开始做这些事情。此外,同一个孩子在不同的发展领域也是不平衡的。

在埃琳娜班上的孩子中,朱利安的精细运动技能比他的社交能力和认知能力高。托马斯有良好的语言技能,但缺乏某些精细运动技能(如使用剪刀或控制绘画)。

除了他们的发展差异,儿童在许多其他方面也存在差异——他们的喜好、性格和学习风格、基于先前经验的知识和技能等。对每个孩子的个人需求和能力做出反应是发展适宜性教育的基本做法,当然这也适用于有特殊学习需要的儿童以及更典型的发展中的儿童。好的教学不可能对所有人都一样。它总是要求我们在每个学习者所在的场所与其会面,并调整学习者的目标,使之具有挑战性和可实现性。

埃琳娜计划帮助所有的孩子在语言发展和读写能力方面取得显著进步,她为班级制定了一些总体策略。除此之外,针对不认识字母的孩子、5个英语词汇有限的孩子、2个已经会写名字和读一些单词的孩子,她也有不同的计划和策略。

③考虑文化适宜性,即我们要考虑儿童生活的社会和文化背景。

我们所有人在成长过程中,先是作为特定家庭的一员,后来又作为更广泛的社会和文化群体中的一员。对于每个群体认为什么是恰当的、有价值的、所期望的和值得钦佩的,我们都有一定的理解。我们通过父母和生活中的其他重要他人、通过观察和模仿周围人的行为进行直接学习。在这些理解中,我们学会了如何表现尊重,如何与我们熟悉的人和我们刚刚认识的人互动,如何看待时间和个人空间,如何着装,以及我们每天所做的其他行为的"规则"。通常,我们很

> 文化是一个群体共享的社会传播的行为、态度和价值观。

早就深刻地学习了这些规则,所以在遵循它们的时候,我们很少有意识地去思考。

对班级里的孩子来说,什么对他们有意义,他们能够学习什么并做出反应,取决于他们所习惯的社会和文化背景。有经验的教师在塑造学习环境的各个方面时,会考虑到这些情境因素,以及孩子们的年龄和他们纯粹的个体差异。

幼儿很少有在不同文化间迁移的经验。生活在熟悉的家庭和邻居圈子里的孩子会发现,进入早期教育环境是一种冒险行为,他们会面临非常大的变化。对于那些语言或社会文化背景与班级中大多数孩子不同的儿童,情况则更为严重。他们常常会发现,在这个新地方熟悉的东西很少,令人恐惧和困惑的东西却很多。

教师的工作是在规划日常环境和学习经验时,考虑到孩子的社会和文化经验。正如洛伦·马鲁里丝(Loren Marulis,2000)在描述她的班级时所写的:

> [目标]是创造一个环境,表明"每个人在这里都是被欢迎的……"。在我的班级里,看、听、摸、尝或感觉事物的方式都不止一种。我们拥有很多反映不同文化、人群、生活方式、生存方式的图书和艺术品。我们不以"亚洲文化周"为主题单元来研究这些图书和艺术品。我会在教学过程中直接使

用这些代表各种文化的图书和艺术品。

对社会和文化差异做出反应是一个相当大的挑战。我们的文化与我们是谁是密不可分的,是我们对世界的日常体验的一部分,就像呼吸一样,我们甚至可能没有意识到它。如果我们的文化占主导地位,或者我们处于权力地位,就像教师一样,我们很容易忽视或贬低与我们不同的文化。即使意识到我们自己的文化,尊重周围人的其他文化,我们仍然会忘记,对于年幼的孩子来说,根据不同的社会和文化背景做出相应的调整有多么困难。

幼儿教师在这方面负有几项责任。首先,我们必须注意,在没有考虑到孩子(以及我们自己)的社会和文化背景的情况下,不要对孩子的行为做出判断。下面让我们来看一个例子。

尽管许多欧洲人和欧裔美国人都希望孩子与他们有眼神交流,但来自拉丁美洲和亚洲文化的孩子会避开权威人士的目光,以示尊重。苏珊不熟悉这种文化规范上的差异,她用自己的文化视角,把5岁的霍因苏缺乏眼神交流解读为不尊重他人,或者可能是心不在焉的表现,因此用相应的方式对待这个孩子。

发展适宜性购物

为记住这三种可以为我们的决策提供信息的相关知识,让我们来一次具有发展适宜性的购物之旅吧。

假设你正为你8岁的教女[1]买一条裙子,让她穿着去参加学校的音乐表演。首先考虑到年龄,你可能会从"7—10岁的女孩"开始。你认为这将是最适合7—10岁女孩穿的衣服。这个维度考虑的是做决定时的年龄适宜性。

现在你来到了7—10岁女孩的衣服橱窗前,你会把架子上所有的8号衣服取下来拿到收银台吗?肯定不是的,你还有更多要考虑的因素。假设你的教女和她的同龄人相比是娇小的,你已经看到她喜欢穿某些款式的衣服,而且你知道她讨厌粉色。这些偏好和特征将进一步指导你寻找衣服。这个维度考虑的是做决定时的个体适宜性。

最后,你要考虑她的同伴群体和家庭背景。虽然她可能在寻找她最喜欢的流行偶像穿的衣服,但你知道这并不适合在学校演

---

[1] 类似于我国的"干女儿",教父母对教女负有精神上的教导职责,这种教导具有一定的宗教色彩。——译者注

1. 什么是发展适宜性教育？

> 出时穿。因为你知道她的家庭文化背景会决定她在这样的场合中的穿着打扮风格，所以你在做选择时就会朝那个方向努力。权衡这些信息就是对文化适宜性的考虑。

当一个教师的文化偏见导致她像苏珊一样得出错误的结论时，她就无法为孩子提供一个具有发展适宜性的学习环境。

此外，教师必须能够建立起文化桥梁，以使幼儿能在早期教育环境中茁壮成长。

通过了解凯拉的父母和她所在社区的其他人，马丁知道，凯拉周围的成人通常不会问像她这样的小孩子他们已经知道答案的问题——这不属于他们的文化范畴。为了让孩子顺利过渡到幼儿园，马丁开始以凯拉更熟悉的方式与她互动。随着时间的推移，他将会更好地利用问题。

了解儿童的社会和文化背景是教师的责任。你可以通过各种方式更加熟悉你班上孩子的社会和文化背景，包括与孩子的家长交谈、家访以及向熟悉儿童家庭文化的社区志愿者寻求帮助。参考文献中的各种出版物提供了更多的建议和详细资料。(更多关于与家庭合作的内容,请参阅本书的第二部分。)

※　※　※

概括一下,当和孩子们一起工作时,一个行事有效的教师首先要考虑特定年龄和发展水平的孩子是什么样了的。这些知识为她有效地提供了一个关于活动、常规、互动和课程的总体概念。但是教师也必须从孩子所在的家庭、社区、文化、社会群体、先前经验和当前情况来看待孩子,她必须把每个孩子当作独立个体来考虑。只有这样,她才能做出体现发展适宜性的决定,即具有年龄适宜性、个体适宜性和文化适宜性。

幼儿是如何学习和发展的

把适用于大学生、中学生,甚至三年级学生的整套教学方法搬到早期教育环境中,将是一个令人沮丧的失败行为。但是,如果幼儿使用某些方法能学得最好,那么这些方法又是什么呢?幼儿通过以下方式进行学习:

与有回应的成人建立关系。在很小的时候,孩子与有教养、有回应的成人建立关系是其学习过程中必不可少的内容（Shonkoff & Phillips，2000）。作为学习和发展的背景因素，关系的重要性在学前阶段仍然存在。积极的师幼关系不仅能促进儿童社会能力和情绪的发展，还能促进他们的学习进步（Pianta，2000）。

积极、亲自参与。在课堂内外，幼儿唯有积极参与才能学得最好。当儿童玩耍、探索、实验、与人和物互动时，他们总是试图理解这些经历。虽然抽象的概念并未完全超出他们的理解范围，但7岁以下的儿童在他们能看到、闻到、听到、尝到和触摸到的物质世界中才最舒服。

尽管亲自动手学习的机会非常适合学龄前儿童，但对于活动来说，同等重要的还有"动脑思考"，即激发儿童的思维过程，鼓励他们调查、提问和思考问题。

借助于有意义的经历。当信息和概念对我们有意义时，也就是与我们已知和已经理解的东西相联系时，我们都能学得最好。尽管对所有年龄段的人来说这个理念都是正确的，但对小孩子来说，学习的事实更为真实。当孩子们能把新知识与他们已经遇到的、对他们来说很重要的知识联系起来时，他们才能学得最好。然后，他们可以将新的线索纳入自己已有的知识和经验结构。例如，关于婴儿或兄弟姐妹的书籍可能会引起学龄前儿童的兴趣，因为他们中的许多人有弟弟（妹妹）或堂弟（堂妹）。同样，孩子们可以通过思考身边的狗来想象和了解狼。

建构他们对世界的理解。幼儿是思维活跃的学习者，他们总是在"建构"自己的知识或对世界的理解。也就是说，他们一直在努力按照自己的方式解决问题。虽然成人学习者也是如此，但是小孩子在他们周围的世界里有很多要尝试理解的东西。

例如，学习一个单词所指代的东西，这听起来可能很简单，但孩子们需要整理出这个单词包括什么和不包括什么。当孩子们参与到这个建构过程中时，他们的想法往往与成人所想的大相径庭。

2岁的马库斯，好几次听到他的家人用"球"这个词来指代他的软的、黄色的球（"球，马库斯，这是你的球"）。所以马库斯学习到这个特殊的物体是"球"。但如果他想把这个词恰当地应用到世界上的其他物体上，那么他还有一些事情要弄明白。也许他的父母指的是黄色的东西。那么，任何黄色的东西都是球吗？或者你能投掷的东西都是球吗？或者像厨房里的钟一样的圆形东西都是球吗？马库斯可能会指着橘子、气球或圆形灯具，说："球！"他可能永远也不会想到，像橄榄球这样的椭圆形物体也可能是一个球。

1. 什么是发展适宜性教育？

最终，通过对"球"的多次体验，孩子会逐渐形成一个概念，这个概念与成人使用"球"这个词时的意思是一致的。但这种情况不是一夜之间发生的，这是一个长期建构所形成的过程。

为了说明儿童如何建构他们对看到的和听到的事情的理解，作家康斯坦丝·卡米和里塔·德弗里斯（Constance Kamii & Rheta DeVries, 1980, p. 13）讲述了一个小女孩的故事，她相信圣诞老人，但也试图弄清楚自己所想与所见的矛盾。有一天，小女孩非常吃惊地问妈妈："圣诞老人怎么使用我们的包装纸呢？"妈妈的解释让她满意了几分钟，但接着她又提出了下一个问题："那为什么圣诞老人的笔迹和爸爸的一样呢？"

儿童不断地把零碎的东西拼凑起来，试图把它们联系起来并理解它们。这个小女孩所拥有的一些知识是互相冲突的。她的问题表明她正在努力地把自己掌握的各种信息拼凑起来，以便弄清情况。

儿童在游戏的过程中积极地建构意义。因此，观察儿童的游戏就是了解他们的理解力和关注点的一个窗口。教育家德博拉·梁（Deborah Leong, 2004）在与其他教师一起工作的过程中，密切地关注和思考儿童的游戏，并分享了她的观察结果：

4岁的詹姆斯穿着一件男士夹克,罗莎穿着一件花哨的连衣裙并挎着一个肩包。他们在戏剧表演区走来走去,打开又关上橱柜。詹姆斯打开橱柜说:"看这里。"罗莎弯下腰往里看了看,点点头。最后两个人拿着一张纸坐了下来。教师很好奇,问道:"你们两个在干什么?"詹姆斯回答说:"她在看那个地方。她正在签字。"然后教师把事情联系了起来。上个周末,詹姆斯和他的父母终于搬出了避难所,搬进了一套公寓,这让他非常高兴。今天,他扮演的角色是一位物业经理,他正在向客人展示一套公寓,而罗莎正在签一份租约。

很显然,詹姆斯在他生命中发生的这一重大事件中一直在专心地观察大人们并倾听他们的声音。现在他记住了人们在找到一个住的地方时要做的几件事——检查确认并签一份文件。游戏是儿童经历和试图理解日常生活中发生的事情和惯例的有效方式,虽然儿童并不能完全理解这些事情,但他们非常想去处理和控制它们。

1. 什么是发展适宜性教育?

游戏有什么好处?

在游戏中,儿童做出选择,解决问题,对话交流和协商。他们创造假想的事件,并练习身体、社交和认知技能。游戏时,他们能够表达和处理自己在日常经历和事件中感受到的不安情绪。通过一起游戏和扮演不同的角色,儿童能够从他人的角度看问题,并表现出领导和追随行为——这些都是他们成年后需要具备的能力(Sawyers & Rogers,1988)。通过这些方式,游戏能够营造出一个促进儿童学习和发展的无与伦比的社会环境。

虽然我们认为游戏的本质是自由和自发性,但这也是儿童最积极地按照一定的"必须规范"调控自己行为的时候——因为游戏的需要,他们对自己能说什么和能做什么加以限制(Bodrova & Leong,2003)。他们知道,要想留在这场游戏中(这也是他们非常想做的),他们必须遵守游戏规则。儿童互相密切监视,确保每个人都遵守规则("萨米,你应该是爸爸——爸爸是不会尖叫的!")。在假装游戏时,儿童会注意遵守这些规则,适应他们所需要的身体动作和语言——沉重地走路扮演大象,用充满稚气的高音调说话扮演婴儿,保持

> 在角色中——在这个过程中,他们变得更加具有自我调节能力(Vygotsky,1934/1986)。
>
> 在互动游戏中,与更结构化的活动相比,儿童往往表现出更高的语言水平、更多的创新性和问题解决能力、更强的同理心和合作性,以及更长的注意力持续时间(Smilansky,1990)。因此,幼儿在高水平游戏中的投入水平是其日后学业成就的最佳预测因素之一,这并不令人惊讶(Smilansky,1990)。
>
> 但并不是所有的游戏都是高水平的,如果没有成人的支持,一些孩子将无法达到这个水平。根据专家型教师和研究人员(Jones & Reynolds,1992;Davidson,1996;Bodrova & Leong,2003)的已有研究,人们已经知道了很多关于如何提高儿童游戏的丰富性和复杂性的知识。

❊　❊　❊

认识到儿童从事的积极建构同样很重要,但这并不意味着他们不需要成人向其传达信息和进行指导。当然,儿童不需要自己去发现或解决所有的事情——那将是低效的,实际上也是不可能实现的!儿童需要成人教他们很多事情,其中一些事情他们可以通过最有效的直接教学而学会，另一些则涉及他们的经验和建构。

　　事实上，我们有很多方法可以促进孩子的学习和发展。在每天的教学过程中，教师必须运用各种各样的教学策略。我们将在后面的"开展促进学习和发展的教学"中探讨其中的一些策略。

2

发展适宜性教育者

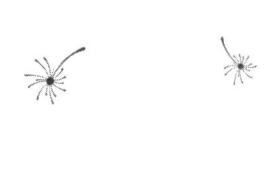

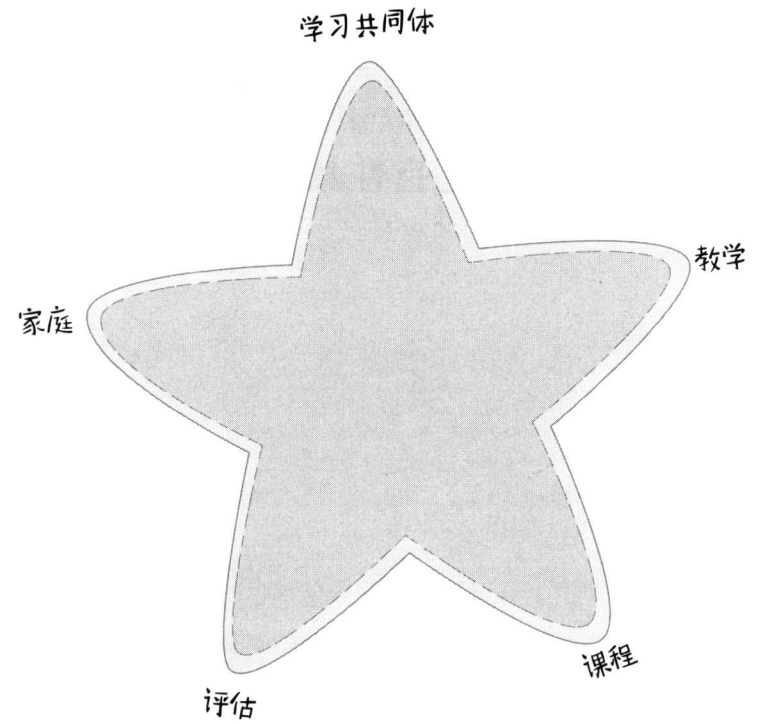

发展适宜性教育指南

在第一部分中,我们描述了什么是发展适宜性教育:它基于幼儿是如何学习和发展的。它是教师基于儿童的年龄适宜性、个体适宜性以及文化适宜性,对儿童的幸福和教育做出决定的过程。

发展适宜性指南能够指导所有幼儿教师的实践,它是教师在遵循DAP原则时必须做出的努力。这些指南定义了良好教学的五个关键方面:

- ◆ 创建一个充满关爱的学习共同体;
- ◆ 开展促进学习和发展的教学;
- ◆ 制订合适的课程计划;
- ◆ 评估儿童的学习和发展;
- ◆ 发展与家庭的互惠关系。

教师工作所涉及的这五个方面是密切相关的。要记住,一个好的思维模式是五角星形状。五角星的每一个角都反映了教师和儿童早期教育项目为实现儿童的核心目标所需做的重要工作。没有一点可以被偏废,否则就会严重削弱整体的力量。现在让我们依次来看一下。

创建一个充满关爱的学习共同体

发展适宜性班级是孩子们培养人际关系、感受事物的积极面并成长为负责任的社会成员的地方。当儿童成为学习共同体中的一部分时,他们的学习和发展才是最好的。在这个共同体中,所有的参与者都会考虑并为他人的幸福和学习做出贡献。

为创建这样一个共同体,教师应:

- ◆ 了解每个孩子的性格、能力和学习方法;
- ◆ 确保所有的孩子都能得到他们需要的支持,以发展与他人的关系,并感受到自己是群体的一部分;
- ◆ 努力在儿童中建立强烈的群体认同感,发展"'我们'的圈子";
- ◆ 为儿童创造一个有组织、有序、舒适的环境;
- ◆ 计划孩子们一起工作和游戏的方式;
- ◆ 将每个孩子的家庭文化和语言融入班级的共同文化中;
- ◆ 劝阻告状、戏弄他人、当替罪羊以及其他破坏集体意识、使一些孩子觉得自己是局外人的行为。

▶ 学习共同体是全纳的

在发展适宜性班级里，有特殊学习需要的儿童会作为正式参与者被纳入社会和学习环境中。项目工作人员需要使用必要的支持和策略来确保每个孩子的个人需要都能得到满足。研究人员、教师和家长报告说，无论孩子是否残疾，他们都能够在许多方面受益于全纳项目（Odom et al., 2002）。当我们努力确保有特殊需要的儿童真正被纳入项目的各个方面时，不但这些儿童能够受益，而且小组中的所有儿童都能够理解和接受人与人之间的差异。

在一个充满关爱的学习共同体里，每个人都能感受到：

我是属于这里的。

我是安全的。

我很重要，小组中的其他成员也很重要。

当遇到问题时，我们能够解决它。

我们可以一起做很棒的事情。

▶ 物理环境及时间表

在建立一种让幼儿茁壮成长的环境和共同体时，教师会仔细考虑物理环境，并在第一天前就计划好全年的日程安排。

确保儿童的健康和安全。 班级环境应该反映项目最基本的目标，即确保儿童的健康和安全。为此，所有项目中的工作人员都需要共同努力，确保室内和室外环境符合健康和安全标准。身体残疾儿童的可获得性也很重要。（有关可以帮助您解决安全问题的一些出版物和网站，请参阅"拓展资源"。）

创造"'我们'的圈子"

儿童是如何感觉到他们是共同体的一部分的？让我们来听听。

教师在操场："迈克，你摔得很重！过来和我坐在一起。你还好吗？"对那些过来想看看发生了什么的孩子们说："是的，迈克摔了一跤。还记得上周圣子在玩大球时摔倒的情景吗？这确实发生了。托尼，你能把纸巾盒拿过来吗？迈克，我们就待在这儿，直到你感觉好些为止。"

2. 发展适宜性教育者

> 教师和小朋友们坐成一圈："我们可以一起花几分钟讨论一下昨天午睡时出现的问题——有些人很困，有些人想起床玩游戏。我想让大家一起想出解决这个问题的办法。你们很擅长互相帮助。今天下午我们能做些什么让午睡时间更有效呢？"
>
> 教师在小吃店："凯莎说她喜欢这些饼干。你呢，杰斯？不喜欢吗？那你呢，冯？"大家围在桌子周围。教师回应每一个回答；孩子们跟着教师的引导，你看看我，我看看你。他们变得非常了解彼此。每一个人和每一个反应对教师来说都很重要，现在这些对每一个人都变得很重要。
>
> （改编自：Stone, 2001, pp.31-33）

保持班级的活跃性和"可探索性"。发展适宜性班级除了是一个安全的地方，还应能不断地激发儿童对材料进行主动和积极的探索。具有良好的组织性和触手可及的材料，使儿童能轻而易举地找到和使用它们。有效的教师创造了一个丰富的学习环境，这种环境的变化往往足以让儿童感到新鲜和有趣，但同时又保持了足够的一致性，使他们能够预测和理解。幼儿需要知道什么是可获得的、在哪里能够获得。但是，当发现教室里日复一日地都是同样的材料时，他们就会失去兴趣。

考虑到不断变化的学习需求。儿童的兴趣和学习需求也会随着时间的推移而变化。到春季的时候，与秋季第一次参与这个项目时相比，儿童已经做好了应对更复杂和更具挑战性工作的准备。为了满足儿童的兴趣，并帮助他们在各个领域取得进步，教师每天、每星期、每月都需要更换材料。例如，随着时间的推移，教师可以提供块数更多的拼图，这样儿童想要完成拼图则更加具有挑战性。为了帮助儿童学习与物体相对应的单词，教师可以先在存放材料的箱子上贴上内容物的图片，然后把名称标签和图片贴在一起，最后只粘贴名称标签。在沙水区，教师可以通过用可渗漏的物品（如过滤器、漏斗和滴管）代替儿童常用的材料来引入新的问题，引发新的调查。

细致计划每日常规。在构建有序的物理环境的同时要建立考虑周密的每日常规。幼儿喜欢知道什么时候会发生什么事，一个一致的时间表可以帮助他们培养时间感和次序感。作息时间表应当是可预测的，但不能死板。在儿童的一日生活中，教师的计划应保持平衡：休息和剧烈活动的时间、户外活动和室内活动的时间、分组活动（大组和小组）和个人独自活动的时间均应保持平衡。（后面的章节中将有更多的内容讨论如何有效地利用不同的学习环境。）

2. 发展适宜性教育者

▶ 关爱共同体的行动指南

我们如何与儿童互动决定了他们如何接近他人、如何看待自己，以及如何学习和发展。我们对他们行为的期望也会影响他们。如果我们预想他们行为不端，他们通常会做出不良行为；如果我们期望他们做出正确的选择，并且礼貌待人，他们往往也会这样做。

引导幼儿的行为始于与其建立一种温暖、积极的关系。组织好环境和时间表也同样重要，这样能使儿童努力做到最好（例如：不要匆忙地做一项活动；不要在一天结束时引入新的挑战性活动，因为这时儿童会感到很疲惫和烦躁），使学习体验更有吸引力并适合他们（例如，他们不会因此而感到无聊或过度沮丧）。

最后，好的教师会利用每一次机会——同时也能够创造各种机会——传授孩子社交技能和自我调节能力。在幼儿时

> 自我调节能力是指根据情况的需要，集中注意力并管理个人情绪和行为的能力。儿童逐渐发展或未能发展的自我调节能力会强烈影响他们与周围人的互动情况，并影响他们的学习和学业成就。

期,引导并不是为了"能继续学习课程"而做的事。恰恰相反,积极的社会性和情绪发展本身就是儿童的核心课程目标。

发展适宜性引导能够显示出对儿童的尊重。它可以帮助儿童理解和成长,而不是惩罚或羞辱他们。它旨在帮助儿童发展自我调节能力和在未来做出更好决策的能力。教师可以在以下情形中使用有效的引导:

◆ 珍惜"试误",将错误当成学习的机会;
◆ 倾听孩子们谈论他们的感受和挫折;
◆ 引导孩子们解决冲突,为他们示范解决问题所需的技能;
◆ 耐心地提醒孩子们遵守规则以及规则背后的理由。

当教师努力为儿童的情绪发展和与他人友好相处的能力打下坚实的基础时,孩子们就会把这种基础带进他们未来的校内外生活中。

开展促进学习和发展的教学

无论你在何种早期教育环境中工作,你都有责任积极地支持孩子的学习和发展。这项工作没有神奇的方法。好的教师能够不断地运用自己的知识和判断力来决定哪些材料、互动和学习经验可能对其中的某个小组或某个人最为有效。

有时关于课堂实践的争论会被视为"非此即彼"的选择。例如,一边喊道:"这是关于拼读的!"另一边则宣称:"不,这是全语言!"或有一派说:"直接指导才是正确的方法!"另一派则反对:"只有孩子主动学习才有效!"但如果退一步来看,我们通常会发现这两种方法都有一定的价值,在课堂上也都有一席之地——这是一个"两者都/和",而不是"两者之一/或"的问题。教学策略亦是如此。

▶ 使用多样的教学策略——教师的工具包

已有研究支持了使用多种教学策略的价值。例如,美国国家科学院幼儿教育学委员会在对关于幼儿教学有效性的研究进行细致的回顾和梳理后,总结如下:

> 幼儿园应该怎样教学?研究表明,许多教学策略都是有效的。好的教师会认可并鼓励孩子们的努力、为他们树立榜样和示范、创造具有挑战性的机会、支持他们扩展自己的能力,以及提供具体的方向和指导。这些教学策略都可用于游戏和结构性活动。有效的教师还会组织课堂环境,并计划在儿童发起的活动与教师策划和发起的活动中出现契机时,追求针对每个孩子的教育目标(Bowman, Donovan, & Burns, 2000, p. 8)。

当思考多种教学策略时，我们可以把桌子的构造或屋顶的修复作为类比。没有一位熟练的木匠会尝试使用同样的工具来完成工作中的每一个部分。他不会用螺丝刀把钉子钉进木板，也不会用锤子拧螺丝。就像一位能干的木匠，一位好的教师的工具包里也有很多工具或教学策略。教师会根据孩子的学习目标、具体情况和需要，在不同的时刻选择最佳的策略。也就是说，教师会选择她认为在特定情况下最有用的策略。通常，她可能会尝试一种策略，若发现它不起作用，再尝试其他策略。重要的是准备好各种各样的策略，并保持灵活性和观察力。

以下是对教学策略的描述，这些策略是教师开展有效教学的关键。当然也有其他策略，而且有许多变式策略。此外，策略通常是组合使用的。例如，在一个简单的句子中，教师可能既承认孩子的行为，又给予她线索或挑战（"玛琳娜，你发现地毯有16步长，那你觉得如果我用我的脚步走，会是16步吗？"）。我们还应该指出，我们在下文中使用的策略术语并不普遍。各类教育模式和项目对教师的工作都有自己的特殊标签。我们的目的仅仅是研究几种主要的策略（参见Bowman, Donovan, & Burns, 2000），这些策略是教师们为做好其工作所需要掌握的。

承认：给予孩子积极的关注，这意味着告诉他你注意到他说了什么或做了什么("你在你的照片上写下了你的名字""谢谢你的帮助,马特奥")。

鼓励:提供评论或非语言行为,以促进孩子的坚持和努力("这是一件困难的事情,但你们想出了很多主意""本的故事告诉了我们狗长什么样——我真的能想象出它的样子"),而不是给予孩子评价性的表扬("干得好,本")。

提供具体的反馈:对孩子的表现给出具体而非笼统的评价("莉莉,那是'd',不是'b'——它看起来很像'b',但它转向了另一个方向,明白吗?")。

示范:向儿童展示一种技能或可取的行为方式(当你想让孩子降低自己的声音时,你也要做到低声说话;通过说"你们都想要这把铲子,那让我们一起找找还有没有其他的玩沙工具吧"来示范合作和问题解决)。

演示:展示需要以某种方式完成的、正确的操作步骤(例如,如何使用锤子或彻底把手洗干净)。

创造或增加挑战:生成一个问题或给一个任务或步骤增加难度,以使其稍微超出儿童已经掌握的能力范围(例如:当孩子们能很轻松地把沙包扔进一个盒子的大洞里时,转动盒子提供一个小洞再让孩子们尝试;不要只是让孩子们观察混合两种物质后的结果,而是让他们预测"你认为当……时会发生什么?")。

提供一个线索、暗示或其他帮助：帮助儿童在他们现有的能力"边缘"工作[例如：起初用图片和名称标签来标记储物柜（图片之后将被去除）；通过提供解决冲突的步骤来帮助两个争吵的孩子，直到他们能够自己解决冲突]。

提供信息：直接告诉孩子们事实（"鸟筑这样的巢并住在里面"）、语言标签（"这是一个圆柱体"）以及其他信息。

给予指示：为孩子们的动作或行为提供具体的指示（"将鼠标移动到此图标处并点击它""慢慢地倒，这样我们就不会把液体洒掉"）。

在上述某些策略的引导下，孩子们能够得到新的信息或指示，而在另一些策略中，他们被鼓励去思考和解决问题。一些策略能够给孩子们提供反馈，从而提高他们的能力，还有一些策略能够鼓励他们坚持解决问题或致力于他们尚未掌握的技能。教学策略的用途和对孩子们的要求各不相同，但根据不同的目标和情形，它们都是有效和有用的。

在下面这个例子中，教师准备好了自己的工具包，并根据需要使用了各种策略：

简在一个"开端计划"中心教三四岁的孩子。在学年初她观察到，尽管孩子们喜欢在"娃娃家"里玩耍，但他们所做的不过是把盘子堆在桌子上、把它们扔进水池里或者打开和关上橱柜。他们的游戏缺乏焦点和对话,甚至经常会变成争吵。她想给孩子们介绍其他的可能性,帮助他们将游戏水平提升到一个新的高度。

一天,当阿什莉、伊丽莎白和乔苏在"娃娃家"里玩耍时,简加入了他们的游戏。她选择了一个据她所知这三个孩子都经历过的活动——庆祝生日——作为主题。她进入"娃娃家",并扮演过生日的人:"嗨,我打算为我的生日举办一个派对。你们愿意帮我吗?"

孩子们很快就产生了兴趣并聚集在一起。简在桌子旁坐了下来并问了一些问题,以促进孩子们的语言交谈:"我们的派对需要些什么呢?"孩子们回答:"蛋糕!""气球!""礼物!"

"那我们要邀请谁呢?"她问道。孩子们开始喊着名字,简说:"我记不住所有的名字。我们需要列个名单。"她提出了一个挑战,并问孩子们:"谁能把他们的名字列在名单上?"她知道这一挑战的难易程度要因儿童的个体而异。

用来写名单的纸找到了,孩子们开始轮流"写"自己的名字或朋友的名字。对于伊丽莎白,简通过为她提供可以模仿的姓名卡片来提供帮助。对于阿什莉,简为她演示了她名字的第一个字母的写法。对于至少能写一些自己名字字母的乔苏,她增加了挑战的难度。"写完字母'J'之后,你应该写什么?"她问乔苏。"你认为你的朋友达里斯卡的名字是以哪个字母开头的呢?"她又问道。当乔苏写出字母后,简承认并鼓励了他的努力。"你写了一个'N',"她对乔苏说,"我知道你每天都在练习写这个字母。"

名单列好后,简在教学过程中加入了一些数学知识。

"我们要邀请很多人,但不知道是否有足够的餐具招待所有人。我们怎么才能知道呢?"孩子们开始数他们名单上的人数和橱柜里的盘子数。有时,其中一个孩子会遇到困难,不知道下一个数字是什么。简根据需要提供了一个或几个适当的数词,也就是说,她提供了信息。

这个情景案例说明了如何在任意情况下使用各种教学策略。虽然游戏是一种开放性活动,但教师可以在游戏情境中直接提供信息或创造挑战。同样,在一个预设好的小组或大组中,教师可以通过提问和使用其他技巧,让儿童共同参与到问题解决或提出想法的过程中来。

▶ 儿童的学习支架

在第一部分中,我们看到发展适宜性目标是具有挑战性和可实现性的。最有效的学习经验建立在孩子们已经知道和能够做到的事情的基础上,同时也让孩子们向还不知道或还不能做到的事情合理延伸。但学习者不能把所有的时间都花

2. 发展适宜性教育者

在"踮着脚尖"的延伸上。他们还需要大量的机会来练习他们正在学习的技能。他们需要感觉自己掌握得很牢固，有成功和已经实现目标的感觉，而不是匆忙地迎接下一个挑战。儿童一旦掌握了一项技能或概念，就为下一个阶段的延伸做好了准备。

然后，当一个孩子开始一项新的挑战时，他可能需要一些来自教师的支持，以使他能够控制这项挑战。与此同时，一位有经验的教师不会过分地帮助学生。这样做的目的是为孩子提供最少的支持，以使他能够做一些自己无法完成的事情。例如，如果目标是让儿童能走平衡木，一位优秀的教师可能会在孩子走平衡木的时候站在他的旁边，这样他就可以在需要的时候把手放在教师的手臂上，以防摔倒。相反，如果教师一直握着男孩的手，他就不太可能学会自己保持平衡。

当孩子开始掌握新的技能或获得新的理解时，教师可以逐渐减少为其提供的支持。不久后，接受帮助的孩子将能够在没有支持的情况下掌握技能或完成任务。因为教师只在需要的时候才提供支撑，所以这种提供支撑的方式被称为"支架式教学"——它就像临时的支柱一样，建筑师或画家会站在上面以到达他们自身无法到达的高处。

教师可以使用支架帮助孩子们在一日生活的各个学习和

发展领域取得进步。"支架式教学"可以是多种形式的,可以采用第36—38页中列出的任何策略。例如,教师可以:

- 问一个问题或给出另一种暗示,提醒孩子注意任务中被遗漏的方面(例如,"你是打算把大勺子和小勺子放在一起呢,还是把它们分开放?");
- 以不同的形式增加提示(例如,提供图片或图表以及文本帮助孩子阅读信息);
- 将优势互补的孩子配对——他们能够一起做些起初他们独自做不到的事情;
- 使用能够根据孩子的个人需要调整线索的软件(取决于他的表现),从而让孩子尽可能地独立,但又能根据需要得到"帮助"。

▶ 利用多种学习途径

除了有意识地考虑自己使用的策略、提供的支持或其他教学互动外,有效的教师还会细致地考虑最有利于帮助孩子达到预期结果的学习环境或形式。儿童有四种主要的学习途径,它们分别是班级活动、小组活动、游戏/学习中心和生活常规。每一种途径都具有独特的特点、功能和价值。

2. 发展适宜性教育者

班级活动。有时被称为全组活动、群体会议或圆圈时间。班级活动是教师想要进行课堂讨论、制订计划及为孩子们提供信息和经验并确保所有孩子都能参与分享的理想形式。教师可以在班级活动中引入想法或展开调查,然后在小组中跟进实施。群体环境也为孩子们提供了学习和实践技能的机会,如与小组成员讨论自己的经验、倾听同学们的想法、适当地回答问题或评论、合作学习以及使用和处理新的信息。

群体会议的持续时间没有硬性规定。成为一个群体中的一员,并在一段时间内集中注意力,这本身就是幼儿必须实践的学习目标。明智的做法是,在年初的时候将孩子们短暂地集中在一起,然后随着时间的推移延长会议时间。最重要的原则是解读孩子们所传达的信号,不要在他们开始失去兴趣后还继续维持。如果孩子们变得焦躁不安,那就换一个生动活泼的结尾并以高潮结束。

小组活动。在小组中与孩子们一起活动,大大地增加了教师观察他们的机会,并使每个孩子都积极地参与其中。为使儿童获得更集中的经验,教师经常会使用这种方式,比如在引入一个新的技能或概念、让孩子参与问题解决或应用已经引入的概念时。小组活动可在一天中专门用于学习中心的部分时间或一天中的零散时间进行。

小组的规模各不相同,通常是3～5个孩子。这些小组可能基于儿童的共同兴趣或需要而组成,也可能由教师认为能很好地合作的几个孩子组成。在小组环境中,教师可以给予孩子们更多的关注,并根据他们的个体水平提供支持和挑战。教师可以提供线索,提出后续问题,并注意每个孩子能做什么、在什么地方有困难。让孩子们有机会与同伴交流,并合作解决问题,也是小组活动的另一大优势。

在小组中寻找与儿童一起工作的方法,有时是一种挑战。第45页的文本框("在现实世界中的小组学习经验?——四种可行的方法")提供了一些建议。

游戏/学习中心。在幼儿园和学前班,教室的一部分通常会被划分为学习中心或兴趣区,为孩子们提供一系列的选择。常见的区域包括积木区、表演区、图书区、艺术区以及科学探索区;教师也可以选择其他有趣的领域(如计算机、写作、音乐、运动以及烹饪)来建构区域。发生在这些区域中的游戏,如积木游戏和表演游戏,对孩子们的学习和发展至关重要(详见第21页:"游戏有什么好处?")。在每个中心,教师都会仔细挑选支持教育目标的材料和活动,并特别注意观察每个区域的孩子们在做什么,以便指导后续的计划。

在游戏和其他中心活动中,一位有效的教师也会经常和孩子们进行有目的的互动。她会引导孩子们参与对话,提供信息或反馈，并为孩子们可能做或说的事情树立榜样。例如：在艺术区尝试一种使用黏土或颜料的新方法；在表演游戏中好奇地问，"让我们看看，今天菜单上有什么好吃的？"

生活常规。很多有价值的学习也发生在日常生活中（比如入园、离园、清理房间、洗手、进餐和间食时间以及过渡环节）。例如，在圆圈时间结束时，教师可能会让孩子们一起唱歌，并突出歌曲的音韵特征（比如押韵），这是他们为了阅读而需要熟悉的。在吃间食的时候，他们可能会核查教师提供给他们的信息，以看看每个孩子都得到了多少饼干。

在生活常规中练习和应用的技能通常是实用的，因此对孩子们特别有价值。进餐时间、间食时间和其他常规时间都是孩子们互相交谈的时间，教师有很好的机会让孩子们进行长时间的交流。

在现实世界中的小组学习经验？
——四种可行的方法

一个典型的教学团队由一名主班教师、一名助理教师和至少16名孩子组成。那么你如何才能处理好将注意力持续地集中在小组或者个别儿童的学习经验上呢？这里有四种方法。具有创造性的教学团队能想出更多的方法。

①计划一个集中的学习体验,让孩子们在选择时间或自由活动时间分组学习。

在早期教育环境中,教师通常会在儿童自己选择活动的时间里为其安排一段特殊的学习体验。为了增加这些体验的价值,教师需要仔细考虑每项活动的重点,并为孩子们创造挑战的体验。儿童可以在空间允许的情况下加入小组(例如,每次不超过4人)。另外,教师可能会亲自邀请一些孩子,因为她认为这些孩子可能会从中受益,而他们可能不会主动加入小组。

②分组学习,让小组学习更有可行性。

一名教师带着一半的孩子去音乐室或操场,而另一名教师和剩下的孩子(比如,有8个人)待在教室里。在教室里,8个孩子中有4个待在积木区或艺术区,而教师则和剩下的4人一起集中学习15分钟左右。然后两组交换,教师再和前4个孩子一起学习。

③从课堂志愿者身上获得额外的价值。

班级里多一个成人会有很大的不同。在一些项目中,家庭成员、实习生或其他人会定期前来和学龄前儿童一起阅读或以其他方式提供帮助。另一个成人的存在使教师有更多的自由开展小组学习。

④利用儿童一日生活中的不同时间进行小组活动和其他学

> 习体验。
>
> 教师可以在早餐或午餐时间，选取4名孩子的座位卡放在一张特别的桌子上——和教师一起坐在"教师的桌子"上是儿童期待已久的特权。除了与孩子们愉快地交谈外，教师还可能融入儿童的学习体验——也许是一个关于图案或数量的想法，或者观察和讨论当果汁从一个又高又细的罐子倒到一个又矮又粗的罐子里时会发生什么。
>
> （改编自：美国卫生与公众服务部，2003，p.22）

制订合适的课程计划

课程包括教育项目中要教授的知识和技能，以及教学过程中的学习经历。对于每一个幼儿教育项目来说，至关重要的是要有一个书面形式的课程，并实际用于指导规划。课程引导教师开发和实施符合项目的儿童发展目标以及与一套系统化框架相联系的学习体验。研究清晰地表明，儿童在计划周密和实施良好的课程中学得更多（Schweinhart & Weikart，1997；Bowman，Donovan，& Burns，2000；Landry，2005）。

儿童的核心学习成果

课程开发和规划始于问题——学习该项目后,孩子应该知道什么并能够做什么?对于特定的一组孩子,教师会问:我希望这些孩子在我教他们的时候达到什么目标或取得什么结果?

好的项目总是能够认识到儿童早期的身体、社会性、情绪和认知发展会影响其未来的成功和幸福,并积极地促进其所有领域的学习和发展。多年来,随着研究基础的不断扩大,现在我们可以更具体地明确哪些成果能够使儿童在学校内外取得成功。

培养孩子的好奇心、自我调节能力、社交能力,以及对自身学习能力和成就感的认知一直非常重要。事实证明,发展社交和情感技能——比如交朋友的能力,或者调节自己情绪和反应的能力——对孩子在学校和人际关系中的表现会产生重要的影响。此外,还有一些我们需要比过去更加重视的内容,包括词汇与语言能力、读写知识与技能(例如语音意识、字母知识和印刷概念)以及数学和科学领域的核心概念。

近年来,国家、专业组织和其他实体机构越来越重视对学龄儿童核心学习成果的界定和评估。现在,这一趋势已经延伸到幼儿教育项目中,大多数州以及"开端计划"项目都明确地规定了儿童在学前阶段结束前要取得的具体学习成果。以下只是几个例子：

语言及读写：
- ◆ 预测故事接下来会发生什么（科罗拉多州）
- ◆ 识别押韵的单词（俄亥俄州）

数学：
- ◆ 确定5个或更少对象的集合中的"多少"（南卡罗来纳州）
- ◆ 匹配和形状分类（华盛顿州）

社会性—情绪发展：
- ◆ 在工作、游戏和解决与同伴的冲突时，越来越多地表现出使用妥协和讨论的能力（《"开端计划"儿童发展结果框架》）

▶ 课程的有效性

全美幼教协会（2005b）强调了下列课程领域的重要性，它们也是美国幼儿教育项目认证标准的一部分。所有这些领域对儿童的学习和幸福都很重要。虽然具体内容略有不同，但这份清单代表了许多专业团体和各州确定的课程领域：

◆ 社会性—情绪发展；

◆ 语言发展；

◆ 读写能力的发展；

◆ 数学；

◆ 技术、科学探究和知识；

◆ 了解我们自己和我们的共同体；

◆ 艺术的创造性表达和欣赏；

◆ 身体发育和技能。

好的课程不仅仅是一系列的活动。它应以儿童的核心学习成果为基础，而且应为教师提供一个有用的框架，从而帮助他们选择学习经验和材料，并了解如何将这些经验和材料结合起来以实现这些成果。

无论一个项目的课程是什么，它都应该是书面的、有效的、全面的课程，也就是说，涉及儿童学习和发展的所有领域。已出版的、可获得的商业课程产品如果符合专业推荐（例如，请参阅 NAEYC & NAECS/SDE，2003）和项目目标，则可能值得考虑使用。或者，如果项目人员有兴趣且具备专业知识和资源来开发课程，则项目也可以决定采用。

已出版的课程产品通常将关注点集中在一个特定的领域（如读写或数学）。这些产品可能很有用。一个项目可能会发

2. 发展适宜性教育者

现在读写、数学、社会研究或其他领域使用单一科目的课程资源很有价值，也许是因为它们是教师特别需要指导和使用工具的领域。但同样，管理人员和教师不应该忘记课程需要具备全面性。单一学科的课程资源只是其中的一部分，不应该允许它排挤其他学习领域。也就是说，任何一个学科领域最终都不应该动摇整个课程体系。

适应、表达、倡导

如果你无法决定项目将采用什么课程，那该怎么办呢？作为一名教师或助教，这个选择权可能不在你的手中。但即便如此，你也有可能从提供的课程中做出选择，并适应课程提供的学习体验。当你能够清楚地表达自己的适应性对课程目标的贡献时，你就更有可能被赋予灵活做出改变的权利。

另一种可能性是，你所工作的项目要么没有书面的课程安排，要么只有一个名义上的课程安排——也许只是落满了灰尘的书架上的一本教材或工具包，而不是教师计划的主要来源。当遇到这种情况时，教师必须积极主动地为自己的小组设计或选择一个清晰的课程计划，并确保它得到使用。

除了确保课程的全面性,教师还应做到以下几点:

①在规划中使用课程框架,使课堂体验连贯一致。

幼儿教育项目往往只提供数学、科学、读写和其他领域的零星信息。不管是什么情况,都是这里涉及一点,那里涉及一点。在教学中利用自发的机会是很有价值的,但我们不能将教学内容和顺序寄托于这种机会。我们必须熟悉每个领域的核心内容和技能("参考文献"部分列出了每个领域的指导资源)。然后,我们必须开展细致的计划并跟进,认真塑造和加工我们所提供的经验,以使每个孩子都能获得这些概念和技能。

②在决定学习经历的顺序和速度时考虑孩子所遵循的发展路径。

教师会持续地考虑材料和活动,以期推动儿童在所有领域的进步。在我们期望儿童获得的概念和技能中,有些东西是逻辑优先的,其他则建立在它们的基础之上。例如,在准备将两个小组合并在一起并确定组内有多少物体之前,儿童需要对数数有基本的了解。

我们也希望选择符合孩子个人兴趣和促进其发展的材料。下面是一个例子。

学前班教师丹尼丝注意到,5岁的詹姆斯总会把珠子串成ABAB式——红色、绿色、红色、绿色。考虑到他可能准备尝试一些新的可能性,她决定看看当她用其他简单的模式(比如AABB式)设计一些珠子串时会发生什么。既然意识模式能够促进数学理解,丹尼丝希望帮助詹姆斯朝着识别、复制和扩展简单模式的目标迈进。

③在课程规划中,优先考虑有意义的联系。

相较以小块的、不相关联的组块讲授课程内容,相互联系的综合课程更加有效。我们也需要记住,在已知的基础上学习新的东西会更加容易。尤其是幼儿,当他们遇到的概念、词汇和技能与他们所知道、所关心的事情相关时,当新的学习内容以有意义的、连贯的方式相互联系时,他们的学习效果最好。

有几种常见的方法可以促使孩子们的学习变得完整和有意义。例如,当教师使用主题或项目时,他们可以帮助孩子们了解概念和技能是如何相关的,以及它们有多重要——也就是说,它们对我们想要做的事情很有用。例如,孩子们会了解数数、列清单或图表以及"热"的概念对烹饪或研究水的性质是有用的。

在制定项目或主题时,教师可以利用儿童的兴趣,也可以向他们介绍自己所知道的、可能会引起儿童兴趣的东西。学龄前儿童的专注力还处于发展的早期阶段,此时发展和扩展他们的兴趣就显得特别重要(Bowman,Donovan,& Burns,2000)。

除广度外,深度也很重要。当课程不是在许多领域内蜻蜓点水式地掠过,而是在更多的选择中允许持续地探索时,幼儿会变得更投入,学习效果也会更好。当学习有意义、综合且深入时,它才更有可能持续下去。

评估儿童的学习和发展

课程是使儿童达到预期结果的计划,评估是观察儿童朝着这些结果不断前进的过程。

对于发展适宜性教育来说,对评估的密切关注是必不可少的。评估儿童,包括观察他们和仔细地思考他们的工作,是教师努力了解每个儿童及其能力和需求的关键。因此,这是"满足儿童的需要"的重要组成部分。在现有发展的基础上,教师需要评估每个孩子,以确定他(她)是否正朝着重要的结果取得预期的进展,并了解自己为促进孩子的学习和发展所做的计划是否有效。

我们在发展适宜性项目中进行评估是为了:

2. 发展适宜性教育者

- ◆ 监控孩子的学习和发展；
- ◆ 指导我们的计划和决策；
- ◆ 确定可能受益于特殊服务或支持的儿童；
- ◆ 报告并与他人沟通（McAfee, Leong, & Bodrova, 2004）。

评估幼儿的学习和进步是至关重要的，但这需要一定的理解。在儿童早期，他们的成长和变化很快。儿童的发展是不平衡的，包含了加速期和平稳期。当你试图评估他们时，他们很容易因被打扰而分心。至少可以说，在正式的评估情况下，他们通常不会有很高的积极性。正如评估专家蒂内特·希尔斯（Tynette Hills, 1992, p. 46）所指出的，幼儿对"被评估（成人的工作日程）的兴趣有限，尤其是当评估过程干扰了他们正常的活动、谈话和情感表达时"。

了解了这些关于幼儿的知识，我们在寻求有关幼儿的有效信息时，就可以选择以特定的方式（避免其无效方式）进行评估。有一个原则是永远不要依赖单一的衡量标准。信息应该从不同的来源、不同的时间、不同的环境或背景中收集。例如，由于纯粹的语言评估往往低估了儿童（特别是英语学习者）的知识和认知技能，所以评估方法应该包括语言评估和非语言评估（NAEYC, 2005a）。

从对现实情境的观察中收集评估证据也很关键。这样的观察更有可能反映出孩子们每天都在做什么,并充分揭示出他们能够做什么和理解什么。为了使观察到的图景更完整,观察应该发生在不同的环境中,比如在教室里、操场上以及与同龄人、熟悉的成人和陌生人互动的情况下。评估也应该在所有领域的课程活动中进行。如果儿童能够在绘画、音乐和积木建构等不同领域的课程范围内得到评估,那么他们就有最大的机会以超越语言的形式展示他们所知道的和能做的事情(NAEYC,1995,2005a)。

最后,正如我们在其他方面所看到的教师决策,以具有发展适宜性的方式评估儿童需要注意以下几点:

- ◆ 年龄适宜性——预测不同年龄范围内的儿童的特征是否可能影响评估方法的有效性;
- ◆ 个体适宜性——包括选择和调整我们的评估方法,以获得关于特定儿童的最佳信息;
- ◆ 文化适宜性——例如,要考虑什么对儿童的发展有意义,赋予其语言和文化背景(例如,避免材料不被理解),以及根据其所处的社会和文化背景来解读其行为(例如,不能将孩子对测试情境所表现出的、有限的语言反应解读为她在语言或智力方面有缺陷)。

有效利用评估信息

作为教师,我们收集关于儿童的信息并不是为了将其束之高阁。你在笔记本上做的观察记录呢?别把它们塞在口袋里。你可以在制订计划和开展教学时使用这些信息。专家们(Jablon, Dombro, & Dichtelmiller, 1999; McAfee, Leong, & Bodrova, 2004)就如何更好地利用评估信息提出了以下建议:

①制订每日、每周和长期计划,为孩子们提供学习和成长所需。

一些教师会详细地写出自己的计划;另一些教师则会用更宽泛的笔记来做计划,然后增加与具体活动和个别儿童有关的笔记。无论选择哪种方法,你都需要为整个班级和每个孩子进行细致的思考和计划。

②按照计划考虑所有相关的评估信息。

参考你的观察记录、从家庭中收集的信息、孩子们的作品、检核表、总结表以及任何你可以得到的、正式的评估信息。

③利用评估信息,促进儿童的个性化发展。

观察孩子们如何利用环境以及他们为什么所吸引,这将帮助你决定如何改变环境、材料或生活常规,以响应个别孩子的兴趣、需求和长处。

例如，在记录孩子们如何以及何时使用不同的区域时——比如，哪个孩子在安静的阅读时间和自选时间看书——你可能会注意到一个特别的孩子迈克尔，他的名字旁没有任何的记录标记。作为一个活跃的积木建筑师和画家，他从不去看书。然后你需要仔细思考一下迈克尔的特殊兴趣是什么，带一些关于他最喜欢的话题（蜥蜴、足球或者其他事物）的书。你可以和他一起阅读其中的一些内容并让他感兴趣，也可以让他自己读或在小组里读。然后观察几周，看看他对图书区的参与次数是否增加了。

或者假如你正在帮助孩子们理解和表达物体之间的位置关系。对于那些还不知道"在里面""在外面""在旁边"和其他基本的方位词的儿童，你可以计划利用多种机会让他们学习这些单词。对于已经掌握了基本的概念和词汇的孩子，你可以制订计划向他们介绍更多的词汇和更高层次的概念。

④不要尝试单打独斗。

寻求专业组织（如全美幼教协会、国际阅读协会和美国数学教师委员会等），以获得关于特定内容领域的评估、课程和教学指导，以及关于儿童学习和发展的相关信息（请参阅"参考文献"部分以获得一些建议）。其他资源包括商业课程指南和由州、学区或项目制定的课程指南。

⑤考虑改善学习环境。

改善时间、空间、材料、学习情境和成人角色,以满足儿童评估的需要。例如,根据个别儿童的准备情况,你和他(她)一起做的任何活动都可以变得更简单或更复杂。

⑥制订跟进计划。

儿童通常需要对某个概念或技能进行反复的体验,才能牢固地掌握这些概念或技能,但随着这些概念或技能变得熟悉,重复体验的频率也会逐渐减少。坚持到底,确保孩子们真正地掌握了概念或技能。仔细考虑某个孩子或某组孩子下一步可能向哪里发展。

发展与家庭的互惠关系

为班级里的孩子做出具有发展适宜性的决定,意味着要了解他们的个人情况。孩子年龄越小,教师就越需要通过与其家庭建立关系来了解更多的信息。对教师来说,向家长询问孩子的情况是一个非常有价值的策略,但这并不是这个策略的全部意义。它还向家长传达了教师对家长的知识和见解的重视。

一位好的教师从来不会表现出一种居高临下的态度——他（她）是一个拥有专业知识及最有能力做出决定的人，而家长基本上是非专业人士，他们非常需要教师的智慧，否则无法为孩子做出好的选择。相反，家长是孩子生命中最重要的人。他们很了解自己的孩子，他们的喜好和选择很重要。因此，我们想要建立的是一种双向关系——包括双向的沟通和尊重——也就是互惠关系。

> 互惠关系需要相互尊重、合作、分担责任，以及为实现共同目标而协商分歧。

除了利用家庭对其子女的个人情况的深入了解外，有效的教师还将向家长了解其家庭和社区环境（包括其文化层面）。这些知识对在课堂上做出适合孩子的决定，以及培养与家长之间的积极关系至关重要。

这种互惠关系的另一面是，幼儿教师有很多东西可以与家庭分享。我们通常拥有关于儿童的宝贵知识和经验。我们可以详细地告诉家长他们的孩子那天说了什么和做了什么，他在课堂上探索了什么、学习了什么以及取得了什么成就。家长会非常重视这些信息，并且乐于了解自己孩子生活中的

2. 发展适宜性教育者

这些时刻。此外,当了解了孩子的学校生活后,他们能更好地与孩子谈论其学习经验,并在家中建构这些经验。

教师与家长之间的沟通也很重要,它能使双方在一定程度上保持一致性,使孩子生活中的重要他人能够对其做出引导并与其建立联系。没有交流就不可能有较强的一致性。另一个好处是,当孩子们看到关心他们的成人(这里指的是他们的父母和教师)处于一种积极的关系中,并分享信任和尊重时,他们会感到更有安全感。

当涉及为孩子做决定时,与家长分享这个决定是很重要的。下面来看一个例子:

威尔的父母对他没有带工作记录表回家感到很不高兴,而且他们认为他的老师应该开始在课堂上使用练习册。但从研究知识和课堂经验来说,威尔的老师格伦达知道,工作记录表对学龄前儿童不是很有效。

格伦达可以坚持说她是对的,威尔的父母是错的。但是,她退了一步,并向威尔的父母询问他们对孩子的期望目标。他们非常担心威尔会因没有做好入学准备而无法取得学业成功。因为孩子的学业成功也是格伦达的目标之一,所以她可以告诉威尔的父母她在帮助威尔学习核心领域的知识与技能时所使用的策略。她还进一步思考了她可以和威尔的父母分享什么内容来显示威尔的进步。

围绕一个目标制定"共同事业"是与家长建立伙伴关系的良好起点。这段对话还促使格伦达思考,她是否能在向家长展示和发送儿童工作样本以及其他有关儿童进步的可见证据方面(尤其是在家长关心的领域,除工作记录表以外)做得更多。

"与家庭建立双向关系"的文本框总结了促使这种关系成为现实的基本技巧。

与家庭建立双向关系

以下是一些与家长建立稳固的互惠关系的基本技巧:

①欢迎家长进课堂,并邀请他们参与项目以及孩子的保育和教育决策。

②不要表现成一个无所不知的专业人士。相反,要尝试建立一种允许公开对话的关系。

③与家庭保持频繁、积极和双向的沟通。有计划的会议和传递给家长的信息或信件很重要,与他们的日常交流也非常重要。你需要让家长在分享他们对孩子的知识和关心时感到很自在。你

2. 发展适宜性教育者

> 要确保他们知道每天在孩子身上发生的美好的事情,而不仅仅是出现的问题。然后,无论何时你有什么担心或问题,你都应以恰当的方式提出来,而不会让家长感到受威胁。
>
> ④确认家长为孩子做出的选择和制定的目标,并对他们的喜好和关心做出敏感和尊重的回应。这并不意味着你应该听从家长,尤其是当你认为他们的期望不利于孩子的发展时。首要的是,你对他们的孩子负有专业职责。对于什么对孩子来说是最好的,你可能会有不同的看法,请记住你的目标不是赢——这意味着家长会输!相反,我们的目标是达成共识,倾听彼此的关切和观点,共同寻找解决方案,并实现共同目标。

现在五角星已经完成,每个点都与其他点相连接。创建一个充满关爱的学习共同体、开展促进学习和发展的教学、制订合适的课程计划、评估儿童的学习和发展以及发展与家庭的互惠关系,每个方面都是早期教育实践的重要组成部分。

如果你正在阅读这本书,你很有可能会产生强烈的、为孩子们的生活做出贡献的愿望。为了确保你的努力能够取得成功,你需要认真对待发展适宜性教育的五个方面,并在每个方面不断深化和更新你的知识。这样你所教的孩子将会学有所得并茁壮成长。

3

关于发展适宜性教育的问题

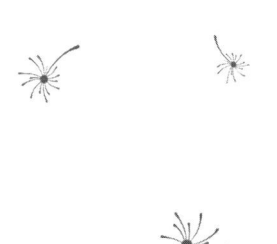

当我们与教师、管理人员、家长和政策制定者谈论发展适宜性教育时,我们会被问到各种各样的问题。本章将介绍一些最常见的问题,同时我们也应认识到问题的答案总是会随着时间的推移而变化。答案不仅随着研究基础的增强而变化,也随着我们与他人不断探讨的结果而变化。因此,我们所提供的这些答案,不是作为困难问题的"最后陈词",而是为了促进所有幼儿教育者之间的进一步对话。

"发展适宜性教育"是一门课程吗?

不,发展适宜性教育不是一门课程。它是一套指南,可以用来帮助教育者对课程和教学策略做出决策。课程的定义有很多种,但最基本的定义通常是,课程是孩子们正在学习的内容(知识、技能和品质)以及他们通过经历而发生学习的经验。规划适宜儿童发展的课程当然是发展适宜性教育的一个方面,但没有一个专门的方面被指定为"发展适宜性教育"。

有多种基于儿童学习和发展基本原则的儿童早期课程方案,这些原则是全美幼教协会(NAEYC)发展适宜性教育指南的基础。还有许多商业课程产品反映了不同的学习和发展理论视角,为教师提供了或多或少的课程结构和支持。在课程的开发和选择中,我们应始终遵循发展适宜性教育的原则。

与此同时,无论何种课程模式,只有当教师了解孩子们是如何学习和发展的，并不断调整他们的教学材料、经验和策略来满足孩子们的个性化需求时，它才是真正有效的和具有发展适宜性的。课程很重要，但它不能取代一位好教师。

DAP 是否意味着只有一种正确的教学方法？

实际上，发展适宜性教育的主张正好相反。每个孩子的发展、先前的经验、能力、偏好和兴趣都有很大的差异，而且没有一个公式适用于所有的孩子。此外，为了有效地教每个孩子，教师必须使用各种教学策略，并在特定的情况下有意识地选择使用何种策略。正如我们在"开展促进学习和发展的教学"中所描述的，好的幼儿教师能认同和鼓励、示范和演示、创造挑战和拓展儿童的思维，并给出具体的信息和方向（参见 Bowman，Donovan，& Burns，2000）。

发展适宜性项目是非结构化的吗？

认为发展适宜性教育课堂很少或没有结构的想法是一种误解。事实上正好相反。若要满足发展适宜性要求，一个项目必须具有经过深思熟虑的结构来支撑和提高孩子的能力。因此，一个发展适宜性项目在其作息安排和物理环境中需具有良好的组织性，并使用有计划的课程来指导教师，以使教师帮助孩子完成重要的学习目标。然而，发展适宜性项目的结构并不是一成不变的。相反,它是灵活的,并允许为适应儿童的兴趣和发展而进行个性化调整。

在发展适宜性教育课堂上,每天都有一个可预测的(但不死板的)作息安排表,并且有明确的行为准则。在一日生活中,孩子们有机会从许多学习中心和途径中进行选择。在这些背景下,教师可以有目的地使用环境、材料和教学策略,使儿童获得重要的知识和技能。

我教的是残疾儿童。如果我使用发展适宜性教育,他们的学习不会受到影响吗?

残疾儿童优先。他们有共同的学习和发展需求,并且与典型发展中的同伴有许多相同的优势。发展适宜性教育的原则是满足儿童的需要,并创造具有挑战性和可实现性的目标,这对残疾儿童同样重要。此外,我们从几十年来的特殊儿童教育研究中得知,残疾儿童最受益的是在全纳环境中接受服务,也就是说,如果他们没有残疾,也可以在这些环境中找到他们(Sandall,McLean,& Smith,2000;Odom et al.,2002)。

残疾儿童的教师应成为包括专家和家庭在内的一个团队的成员,该团队为儿童制订和实施个别化教育计划(Individualized Education Plan,IEP)。该计划(包括全纳环境中的参与),应确

3. 关于发展适宜性教育的问题

保孩子朝着家庭和项目的共同目标取得预期的进展。

有人告诉我，DAP 班级里的孩子所做的只是玩游戏。这是真的吗？

研究表明，幼儿自主发起并得到教师支持的游戏在很多方面对孩子有益。当孩子们玩游戏时，他们会从事许多重要的任务，如发展和练习新获得的技能、使用语言、运用轮流策略、交朋友、根据环境需要调节情绪和行为等。这就是为什么对于年幼的孩子来说，游戏需要占据一天的大部分时间，并且游戏是发展适宜性班级的一个重要组成部分。此外，有效的教师经常会采取行动，在游戏背景下扩展儿童的游戏和学习活动。他们会与儿童进行一对一的对话，鼓励他们进行与主题、角色、规则和道具相关的假装游戏——所有的研究都表明，这与儿童的语言和读写能力发展有关系（要了解更多，请参见第21页的"游戏有什么好处？"）。

但游戏并不是孩子们在发展适宜性班级里唯一能做的事情。孩子们也会以小组为单位工作、听故事、开展团队活动、参与项目、解决问题、参与发展机会丰富的常规活动，并忙于许多其他的学习体验。

学术在发展适宜性幼儿教育项目中没有一席之地，这是真的吗？

学术是一个被广泛使用，但很少被定义的术语。如果学术被理解为早期读写、数学、科学和其他学科中重要的基本技能和知识，那么学术肯定是发展适宜性幼儿教育项目中必不可少的一部分。当然，为了使这些学习领域具有发展适宜性，我们还必须以适合儿童学习的方式来对其加以处理。只有当学术被狭隘地定义为一系列具体的事实，并且这些事实由"死读书"或其他类似的适合高年级学生的方法所教导时，学术与幼儿的整体学习和发展之间才没有什么关系。

我需要让我的孩子做好在学校里取得成功的准备。除了发展适宜性教育，难道她在学前阶段的经历中不需要更多的指导吗？

发展适宜性项目对儿童的学习和发展有很大的帮助。有一项证据充分的研究发现，高质量的发展适宜性学前教育项目的确能够为儿童（尤其是贫困儿童）做好在学校里取得成功的准备（Schweinhart & Weikart，1997；Bowman，Donovan，& Burns，2000）。一个好的学前教育项目可以帮助孩子们获得语言、早期读写和数学、社会性和情绪发展以及其他方面的关键知识和技能。事实上，如果孩子们没有在学习和发展方面取得

3. 关于发展适宜性教育的问题

重要成果，那么这个项目就不具有发展适宜性。

我所在的项目为来自不同文化背景的孩子提供服务，我想知道对他们来说，发展适宜性教育是否是最好的选择。发展适宜性教育是针对所有的儿童，还是只针对部分儿童？

发展适宜性教育的原则要求教师关注儿童生活的社会和文化背景，并在塑造学习环境时考虑这些因素。无论儿童先前的经验或社会文化期待是什么，教师都会帮助他们理解新的经验。有时，在这种情况下，教师需要明确地教给孩子们他们以前没有遇到过的规则或技能。或者说，教师需要认识到，孩子们可以通过不同的经历和常规活动获得相同的技能和思想。例如，儿童可以通过童谣获得语音意识，也可以通过跳绳歌获得语音意识。最重要的是，班级必须是一个具有开放性的环境，并对所有儿童的背景表现出尊重和支持。

我有时会被"开端计划"项目中的孩子的学习需求吓到，我想知道发展适宜性教育是否能让他们赶上进度，并为上学做好准备？

这是个好问题，答案是"是的，但是……"。缩小低收入家庭和中产阶级家庭的孩子的发展差距是一项艰巨的任务，需要在孩子的早期阶段就加以解决。如果没有干预，儿童早期环境造成的差异可能是惊人的。例如，一个工薪家庭的孩子平均每年能听到1100万个单词，而一个接受救济的家庭的孩子平均每年只能听到300万个单词（Hart & Risley，1995）。大多数英语学习者听到的英语单词的数量也比来自讲英语的家庭的同龄人少得多。显然，为低收入家庭儿童和英语学习者提供服务的项目需要特别注意提高儿童的口语能力和词汇量。

发展适宜性教育的原则和指南是我们努力为所有儿童及其家庭提供良好服务的基础。就像发展适宜性教育所要求的那样，如果我们真的能够满足儿童的需要，并帮助他们达到具有挑战性和可实现性的目标，那么我们就能促进他们的学习和发展，并使他们长期受益。因此，教师需要了解孩子们的学习需求，以及能够帮助他们取得更高水平的成绩并被证明成功的教学策略。本书书尾提供的"拓展资源"包括了许多出版物（例如：Burns，Snows，& Griffin，1999；Meier，2004），它们将帮助教师更好地了解贫困儿童的教育和发展需求，以及解决这些问题的最有希望的方法。

一个应该引起注意的重要事实是，生活在贫困压力下的儿童和家庭通常需要获得包括保健、营养和社会服务在内的综合服务。在"开端计划"之外，很少有儿童和家庭能够获得这些服务，这种缺失使得提升儿童的学习和发展成果变得更加困难。因此，倡导这些服务对所有关心儿童福祉的人来说都很重要。

3. 关于发展适宜性教育的问题

我听说把字母表挂在教室的墙上或者教孩子们在一年级之前阅读是"发展适宜性教育"。是这样的吗？

这个问题已经成为关于发展适宜性教育的"街谈巷议的话题"。它源于20世纪80年代的教育背景，当时对一年级儿童的要求被强加给学龄前儿童，因此全美幼教协会在1987年的发展适宜性教育的立场声明中呼吁不要孤立地教授字母。该立场声明强调在有意义的词语背景下教授字母（例如，教授儿童姓名中的字母，或者儿童在书籍或其他印刷材料中遇到的单词的首个辅音字母）。这种强调在一定程度上引发了"没有字母表"的荒诞说法。

要消除这一误解，它导致许多幼儿教师认为自己应该避免进行识字教学。全美幼教协会与国际阅读协会联合发表了一份名为"学习阅读与写作——幼儿的发展适宜性教育"的立场声明（IRA & NAEYC，1998）。基于学者们几十年来对早期识字和阅读能力的研究，该报告描述了学龄前儿童识字能力的成果——比如字母表知识、语音意识、词汇和印刷概念——这些成果能预测儿童日后学习阅读和写作的成功。这份立场声明及与之同时出版的书（Neuman，Copple，& Bredekamp，2000）也描述了帮助孩子们实现这些重要成果的有效教学策略和学习经验。该声明特别提到了字母表在发展适宜性课堂中的地位问题。它指出，字母应该在孩子们工作和游戏时能够看到、摸到和操作的地方。因为学习字母表是阅读的一个强有力的预测因素，发展适宜性教育教室的墙上一定会有一个与孩子视线平行的字母表。

至于问题的第二部分，我们的回答是，具有发展适宜性的幼儿园和学前班会教给儿童许多重要的早期读写技能，这些技能是成功阅读的先决条件。有了这样的经历，有些孩子在一年级之前就能成为不错的阅读者，而另一些孩子虽然还没有达到这个阶段，但也正在取得良好的进步。所有的孩子都应该获得适宜他们现有发展水平并能使他们向前发展的学习经验。做任何其他事情都是不适宜儿童发展的。

我在有规定课程的公立幼儿园任教。在这种情况下，我应该如何使用发展适宜性教育？

在每一个为幼儿提供服务的教育环境中，你都应该能应用发展适宜性教育的最基本原则。这些原则包括创建一个充满关爱的学习共同体，让每个孩子都感觉受到尊重和被包容；与每个孩子建立温暖、积极的师幼关系；与家庭发展尊重、互惠的关系。尽管在有些场景和课程下，执行这些原则比其他时候更具挑战性，但几乎在所有情况下，教师都应创造一个积极的课堂环境，并与孩子和家庭建立相互尊重的关系。

当然，发展适宜性教育也意味着了解每一个学习者并调整

3. 关于发展适宜性教育的问题

课程和教学实践，以确保儿童在学习和发展中不断进步。因此，无论教师教授什么课程，他（她）都必须适应班上每个孩子的需要，以使该课程对儿童具有发展适宜性。在某些情况下，教师的灵活性是有限的，他们不得不加以适应，而有限的灵活性是一个损失。但教师可以做一些调整，而且往往比他们能意识到的更多——特别是当他们能够熟练地用他们需要达到的标准或结果来描述他们在课堂上所做的事情时。

例如，你让孩子们一起参加一个项目的理由可能是"增加语言使用和扩展讨论的机会"，你可以详细地说明读写、数学和科学方面的内容以及他们将从项目中学到的其他课程领域。换句话说，教师需要考虑他们想要用于孩子的方法和学习经验是如何达到课程的规定目标和内容的，然后才能合理地与他人沟通。

我听说发展适宜性教育是不催促孩子，并馈赠他们"时间的礼物"，对吗？

"时间的礼物"这个表达出自一个理性的关心，即不要过早地对孩子期望过高。但仅仅给孩子时间的回应往往会对他造成真正的伤害。为什么？因为促进人类发展的不仅是时间，还有随着时间的推移所发生的事情——孩子拥有的对物体和人的经历。例如，当"时间的礼物"要求让孩子晚一年进入学校时，孩子在校外取得的进步很可能比在校内要少。

因此，发展适宜性教育并不意味着简单地等到儿童"准备好"。这意味着我们需要设置具有发展适宜性的预期和理解，那就是尽管有些生物学上的限制，但儿童的学习经验将推动他们的发展。例如，2岁及许多3岁的孩子缺乏熟练使用铅笔和书写字母所需要的精细运动技能，但涂鸦和画画的机会能够帮助他们做好这样做的准备。成熟是必要的，经验亦是如此。

我喜欢以自己的风格教学。发展适宜性教育不会扼杀我作为一名教师的个性吗？

教师和孩子一样，都是独立的个体。我们每个人都有自己的兴趣、能力、喜好、社会和文化背景，以及造就我们的独特经历。发展适宜性教育要求教师创造一个充满关爱的学习共同体，教师就是其中的一个重要成员。教师应该将其独特的自我（包括才能和兴趣）带到课堂上。如果一名教师在艺术、音乐、文学、体育等方面有天赋，那么他（她）应该能够在教学中运用自己的风格，因为这可能反映了他（她）的优势（参见 Alati，2005）。要记住的重要一点是，并不是每个孩子都喜欢某位教师的风格。要想有效，你必须了解孩子们是如何学习和发展的，并使用各种策略来满足这些孩子的个人需求。

3. 关于发展适宜性教育的问题

我认为发展适宜性教育是有意义的，但是我服务的家庭对如何教育他们的孩子有不同的想法。我该怎么办？

当你和孩子的家长交流时，首先不要使用专业术语，不要谈论"DAP"或者"发展适宜性教育"。相反，你应该和孩子的家长谈谈你为他们的孩子所设立的学习目标以及他们的目标。

协商分歧始于你清楚地了解自己的喜好及其来源。这可能首先需要你做一些认真的思考和反思，然后交流你的观点并倾听，真正地倾听家长的关注点。当你和家长明确地表达各自的目标时，你们很可能会找到共同点。虚心向家庭成员学习，并愿意在学习的基础上扩展你对有效的发展适宜性教育的看法。在成功的交流中，家长也在学习和改变。如果你屈从于家长的要求，那么你将失去自尊，甚至可能失去有效性；如果孩子的家长屈服于你的立场，那么他们在亲师关系和孩子的生活中就会失去影响力。无论哪种情况，孩子最终都会失败。目标是一个双赢的结果，需要教师和家长互相学习，并提出一个对双方都有效的解决方案。

一旦孩子们上了学前班或一年级，发展适宜性教育对他们来说不是太"容易"了吗？

什么是具有发展适宜性的，这将随着儿童的年龄、经验和能力而变化。因此，对那些在具有发展适宜性的学前班和一年级班级里的5岁、6岁或7岁的儿童来说,期望和结果将不会"太容易"(参见Gullo,出版中)。相反,这些项目的期望和结果是可以不断实现的,但同时也具有挑战性。例如,传统的阅读——从不熟悉的文本中获取意义的能力——对大多数学龄前儿童来说可能是一个不适宜的期望,但对大多数一年级学生来说,这在发展上肯定是适宜的。

我可以在哪里得到更多关于发展适宜性教育的信息?

本书是对发展适宜性教育基础知识的介绍。对原则和概念的更详细的描述在全美幼教协会的《0—8岁儿童发展适宜性教育》(Bredekamp & Copple,1997)一书中。此外,本书末尾的"拓展资源"中还列出了许多有用的资源,有助于理解和使用发展适宜性教育。

4

一幅变化的景象：3—5岁的儿童

表1至表3给出了幼儿园和学前班里的3—5岁儿童的大致情况,以及成人应如何促进他们的学习和发展。

对于每个年龄组的儿童,我们将其共同特征和行为划分为四个发展类别(身体、智力、社会性、情感)。但我们这样做并不意味着不同的区域不重叠,因为它们确实有重叠之处。同样,年龄组之间也有相当大的重叠。有些孩子会比同龄人更早地表现出某些特点和行为,另一些孩子则需要更长的时间来获得一套特定的技能和概念。

换句话说,概括起来就是这样。正是通过密切观察并与班级里的孩子进行个别化互动,有经验的教师才能评估孩子们现有的发展水平,从而知道如何最好地引导他们。

4. 一幅变化的景象：3—5岁的儿童

表1　3岁儿童

儿童的发展水平	成人的帮助指导
身体发展	
儿童喜欢使用他们的大肌肉。在一年的时间里，他们变得更强壮，他们的平衡力和运动控制能力有了很大的提升。他们能在爬楼梯、跳跃、向前翻跟头和踢球时交替使用双脚。	提供攀爬器材、三轮车、球以及大量的空间和时间让儿童跳跃和奔跑。当儿童接受新的挑战时，向他们展示新的技能或提供帮助和反馈。
儿童能操纵画笔和工具（如蜡笔、记号笔和粗铅笔）。他们的涂鸦变得更有控制性和目的性。他们可以堆叠积木建造一个低等到中等高度的塔。这个年龄段的孩子有时也会把食物或美术用品弄洒，但他们的控制和协调能力正在提高。随着小肌肉技能的提高，他们会变得更能解扣子和拉拉链。	提供如钉板、串珠和组合玩具等材料是有益的。积木和手指游戏一样，是发展手眼协调能力的、有趣且有效的方式。提供给儿童练习倾倒、滚动、挤压的材料将有助于增强其手部肌肉的力量。
儿童越来越能从事诸如洗手、穿衣和如厕等自理活动，但偶尔也可能发生意外。男孩在如厕方面的发展可能要比女孩晚。	儿童可以穿脱衣服，但仍然需要帮助。成人要耐心地、实事求是地面对意外情况；手头要有多余的、可替换的衣服；可以请儿童帮忙打扫卫生和自己换衣服。

(续表1)

儿童的发展水平	成人的帮助指导
智力发展	
儿童经常花费相对较长的时间来完成他们选择的任务。比如,在沙地玩耍、用积木搭房子、画画、障碍赛跑、从事表演游戏。他们可能长时间地骑一辆三轮车,或者连续3次做同样的拼图游戏。儿童会测试他们的技能,并可能会一遍又一遍地重复相同的活动。	计划作息时间表,为儿童的独立活动留出大量的时间。提供丰富的学习经验和材料。
这个年龄段的儿童好奇心很强。他们想试验因果关系。他们喜欢拆解物品。	为他们的调查探索提供材料。如提供积木、沙子和水(有可以倒水的杯子或其他工具)、拼图以及可以拆卸的物品。
他们可以识别常见的颜色(如黄色、红色、蓝色和绿色)。他们通常能识别一些基本的形状(尤其是圆形和正方形)。	鼓励他们对颜色、形状和材质进行匹配和分类。玩类似"什么是毛茸茸的?""你能指出这幅画中的圆圈吗?"和"我看到了一些红色的东西。你能找到吗?"的游戏。在日常会话中使用相关的词汇("我看到你今天又穿了你的红夹克")。

4. 一幅变化的景象：3—5岁的儿童

(续表2)

儿童的发展水平	成人的帮助指导
智力发展	
计数变得更加精确，尽管这个年龄段的孩子可能还没有学会正确的数字名称。3岁的孩子能计数少量的物体，4岁的孩子能认出序列中的最后一个数字代表一组物体的总数。3岁时，他们对数量感兴趣，而且很容易了解更多有关数量的内容。	提供充足的计数机会（包括计数游戏）。如果可能的话，在计数时一次移动一项。把数量词自然地融入对话——用"3支蜡笔"代替"蜡笔"是增加孩子对数字的兴趣和知识的一种简单且有效的方法。
词汇量增长很快，这个年龄段的儿童认识2000～4000个单词。儿童能够交流，所以他们所说的75%～80%的内容都是可理解的，并且他们所能理解的比他们所说的多得多。他们能使用3～5个单词组成的完整句子，并用单词来描述和解释。	为儿童提供大量的对话机会，让他们倾听和实践语言的多种用法和形式（例如诗歌、童谣、录音、游戏、故事等）。允许儿童有充足的说话时间。每天和每个儿童交谈。对儿童提出的问题给出清晰，但不太冗长的解释。
如果儿童经常接触两种语言，那么他们很可能会掌握两种语言。	如果可以的话，使用英语和孩子的母语两种语言。鼓励儿童双语能力的发展，用稍高于儿童现有水平的英语与他们交谈。通过使用道具、非语言暗示、简化的语言和重复来帮助儿童理解语言。

(续表3)

儿童的发展水平	成人的帮助指导
智力发展	
儿童开始明白,单词可以被说出来,然后写下来并读出来。儿童会试着在纸上做标记,这看起来像书写("这是我的名字,比尔")——其中一些标记可能接近真实的字母——并且他们喜欢涂鸦。	让儿童给你讲一个你为他们写的故事,然后他们可能会想要为这个故事绘制插图。有时儿童会先画画,然后让你帮他们记下他们的故事。为儿童提供蜡笔和记号笔,并让他们尝试做标记。
儿童可以听较长的故事,并会假装阅读。他们可以预测故事中可能发生的事情,并将其与自己的生活经历联系起来。	每天给小组内的儿童(4~6名儿童)大声朗读故事;并在讲故事之前、过程中和之后与儿童交谈。逐渐增加你所阅读和讲述的故事的长度和复杂性。
他们喜欢重复单词、声音和曲调。他们开始识别音乐旋律,匹配一些音调,并在适当的时候随着音乐舞动。	提供音乐体验,让儿童通过唱歌、游戏和跳舞参与其中。从多元文化中选择音乐。
社会性发展	
3岁以下的幼儿喜欢在另一个孩子旁边玩耍,或者和一两个孩子一起玩耍。	提供多种每个儿童可同时进行的个别化活动和材料。提供一些需要合作的物品。提供诸如表演道具之类的材料,以鼓励互动游戏。有些儿童可能需要帮助来学习如何与他人一起做游戏。

4. 一幅变化的景象:3—5岁的儿童

(续表4)

儿童的发展水平	成人的帮助指导
社会性发展	
友谊开始形成,但往往是短暂的(特别是在3岁的孩子之间)。	支持儿童的友谊。有一个好办法就是帮助孩子们像朋友一样对待彼此。谈论好朋友为彼此做的事情,和孩子们一起读以"友谊"为主题的书。
如果有机会,儿童可能会尝试分享。有时他们可以为了轮流而稍做等待。孩子们能在与他人发生冲突时使用他们新获得的语言技能来表达自己的感受,也许还能够表达出问题的解决方案。然而,他们仍然可能诉诸身体攻击。	允许儿童的"分享能力"自然发展,强迫是行不通的。当别人对他们慷慨大方时,或者当他们觉得没必要保护自己的财产时,孩子们就会分享。让孩子们掌握自己处理课堂问题的技能("用语言告诉达里尔你现在正在玩卡车。他可以稍后再来")。在必要时提供语言示范。
情感发展	
儿童对自己的性别、年龄、种族、语言和文化有了坚定的意识。他们开始形成一种自我概念,即一种对自己独特特征的理解。到3.5岁时,他们能描述自己的关键属性。	分享儿童引以为傲的事。尊重每一个孩子。将他们的母语、文化物品和熟悉的活动作为日常生活的一部分。
	要知道,儿童自我意识的增长会导致他们对物品占有欲的增加。成人要承认这种占有欲,同时通过让步的方式鼓励社会交往("是的,亨利,你现在正在玩卡车。玛拉也想玩一会儿。过一会儿,能轮到她玩吗?")。

(续表5)

儿童的发展水平	成人的帮助指导
情感发展	
3岁以上的儿童喜欢和年幼的孩子一起玩耍。他们开始有自己喜欢的特别的朋友。	鼓励儿童谈论并向他人描述自己的感受。他们可能会意识到其他人有不同的经历,但想要理解这一点仍然是困难的。树立富有同情心和关爱他人的行为榜样。
儿童正在学习信任生活中的重要他人。他们现在变得更加独立,并对获得新技能感到自豪。然而,当感到沮丧时,他们可能会恢复到学步儿的行为。	对这个年龄的儿童来说,与父母分离仍然是痛苦的,当父母离开时他们可能会哭。要尊重他们的感受,用安慰的话和拥抱来安抚他们。告诉孩子父母将在什么时候回来("今天午睡后,你的妈妈会来接你")。
3岁的孩子有时喜欢被当作大孩子来对待,但他们仍然很难管理自己的行为。他们仍然可能会把危险的东西放进嘴里,或者在没有细心看护的情况下走散。孩子们拥有的那些令人愉快的、幼稚的幽默感有时会失去控制。儿童可能偶尔还会发脾气。	这个年龄的儿童需要密切的监督和积极的强化。如果他们说了一些冒犯或伤害他人的话,试着解释其朋友的感情会如何受到伤害。发脾气在很大程度上应该被忽视;在口头上承认孩子的感受,但不要让孩子用发脾气来操控事情。

4. 一幅变化的景象：3—5岁的儿童

(续表6)

儿童的发展水平	成人的帮助指导
情感发展	
儿童会表达强烈的情感（如恐惧和喜爱）。新的恐惧通常会在这个年龄段产生。比如，孩子们可能会害怕他们想象的东西（如床下的怪物，或者他们遇到的不熟悉的人或角色）。巨大的噪声也可能是可怕的。	认真对待儿童的恐惧。例如，对一个小孩子来说，小丑可能会被视为一个巨大的威胁。你可以让他（她）紧紧地抱着你，给予其身体上的安慰，并提供安抚式的言语。和他（她）一起玩木偶也会很有帮助，可以借由木偶谈论其害怕的事情，让他（她）根据你的问题提出自己的想法。

本表资料主要改编自：Day，2004，pp. 65-78。其他资源包括：Bredekamp & Copple，1997；Schickedanz，1999；Miller，2001；Essa，2002；Berk，2004。

表2　4岁儿童

儿童的发展水平	成人的帮助指导
身体发展	
儿童的大肌肉技能正在扩展,而且变得更加精细。可能会出现跳跃活动。儿童能够很熟练地骑三轮车。他们可以弹跳着接住球、跳过一个较低的障碍物、用一只脚保持平衡。	给儿童充分的机会使用他们的大肌肉技能,例如提供障碍场地、攀爬结构、大型空心建筑。当孩子们自己尝试新的挑战时,成人可为他们展示新的身体技能,并提供适量的帮助。
小肌肉动作更具协调性。孩子们可以更熟练地使用剪刀、胶水、小珠子和画笔。剪切和粘贴成为他们最喜欢的活动。他们的作品开始像真实的物体。	继续提供各种艺术材料和白纸。让孩子们绘制和裁剪他们所选择的材料,而不是沿着彩色画册或工作表上的线条裁剪。提供需要更多手眼协调的材料(比如缝纫卡片和小串珠)。开展难度更大的手指游戏。
儿童可以有效地自己使用叉子吃饭,在成人的监督下可以用刀切较软的食物。他们通常可以独立地穿脱衣服。有些孩子可能在接近5岁时能够自己系鞋带。	耐心地对待那些正掌握自我照顾技能的孩子。当他们需要时提供必要的帮助,但要给他们自我管理的空间。

4. 一幅变化的景象：3—5岁的儿童

(续表1)

儿童的发展水平	成人的帮助指导
智力发展	
儿童越来越能持续地进行项目和主题学习。他们喜欢真正有目的的书写（比如写给朋友的信息）。艺术作品有了新的意义，并且他们可能想保存自己的成品。	规划能激发儿童思考的项目。让儿童做一些有意义的标记。比如，一个积木建造的特殊结构可以用孩子的名字做标记，并将这个积木结构保留一至两天。儿童可以在自己的作品上签名，作品可以放在安全的地方或展示出来。
孩子们越来越清楚事物是如何运作和组合在一起的。他们充满好奇；他们想尝试不同的做事方法，并使用不同类型的手工工具。他们能使用两种以上的方式进行物品分类。	提供各种各样的可供探索的物品。比如，一个去掉了所有危险部件的旧的烤面包机、一个时钟，或者任何对求知欲强的孩子来说安全的物品。引入更复杂的项目和新型工具（如计算机或新的木工工具）。让孩子们想出各种各样的方法来解决问题（"你如何运用我们这里的工具把水从这边运到那边呢？"）。让孩子们参与修理。储备糨糊和胶水！
儿童天生对形状、颜色和材质感兴趣。大多数孩子在4岁时就能说出6～8种颜色和一些典型的形状（如圆形、正方形和三角形）。	以自然的方式使用形状（包括二维和三维）和颜色的名称（"也许你可以用这块三角形积木来当房子的屋顶""你的红色鞋子和这幅图片中的红色气球很配"）。让儿童通过烹饪、木工、黏土、手指绘画和装扮服饰感受各种不同的材质。

(续表2)

儿童的发展水平	成人的帮助指导
智力发展	
儿童能够数到"20"（甚至更多），并且可能对印刷的数字感兴趣。他们可以比较物体的大小和重量。	鼓励儿童在实际经历中（如测量、分配或分割项目以及匹配）使用数字和数量。引导孩子们使用各自的口头语言进行小组计数和比较。
如果在家庭和学校环境中有充分的语言接触，儿童的词汇量会达到4000～6000个单词。他们能够说出由五六个单词组成的句子。孩子们总是不停地问："为什么？"	邀请孩子们讲他们自己的故事，给他们充足的时间，在他们之间以及与你谈论他们正在做的事。鼓励孩子们用不同的方法来寻找问题的答案：问别人、读书和做实验。
现在进行拓展性对话是可能的，儿童使用的句子变得更加复杂，他们能够理解的单词比他们能说的要多。 会说多种语言的儿童能轻松地实现对话，也能在两种语言间进行转换。	让孩子们进行拓展性对话，如进行来回5次或更多轮次的交流。提供许多材料和经验，如提供田野考察，让孩子们获得新的知识和词汇。 为英语学习者及其同学提供积极的示范，即有人说着与儿童相同的母语并有着相同的文化背景。与家长沟通关于支持儿童使用母语的必要性。

4. 一幅变化的景象：3—5岁的儿童

(续表3)

儿童的发展水平	成人的帮助指导
智力发展	
儿童对书面和口头语言的兴趣有所增加。他们会继续进行书面标记的尝试性操作，可能会出现类似字母的形状和一些真正的字母。儿童可能会学会字母的名称，认出一些单词，并对印刷内容感兴趣。他们开始将字母与自己名字中的字母和其他自己想写的单词进行匹配，并意识到构成口语的、可以被操纵的各不相同的声音。	提供一个丰富的印刷品环境供儿童使用，该环境中有使用多种语言的书籍及其他材料。回应儿童关于字母和单词的问题。记录下儿童给你讲的故事。鼓励孩子们写自己的名字和其他单词，在他们需要的时候给予帮助，但不要"关注"他们的拼写。让他们注意字母和字母的发音（"那个红色的标志以'S'开头——有人知道它是什么意思吗？"）。帮助儿童把他们想要写的单词读出来。在所有的学习中心放置纸、铅笔或记号笔，以供孩子们使用。
儿童喜欢编自己的故事，这些故事通常是虚构和真实的混合体。当复述长篇故事时，他们越来越能抓住故事的叙述要点。	给儿童一个机会，让他们使用法兰绒板、木偶或其他表演素材来重现故事。邀请孩子们向小组成员复述故事。鼓励孩子们谈论过去、未来或想象中的事件。注意不要使用包含刻板印象的故事。
孩子们喜欢歌唱游戏，想把歌曲戏剧化，并创作自己的歌曲。他们越来越能随着音调唱旋律，并随着节拍移动。	提供一系列包括游戏、有节奏的歌曲及其他具有音韵特征的音乐和节奏体验。选择不同语言的歌词、更复杂的动作，以及来自其他文化的、更真实的乐器。

(续表4)

儿童的发展水平	成人的帮助指导
社会性发展	
儿童表现出对他人的兴趣,并愿意花时间观察他人。他们喜欢和另外两三个人一起玩耍。他们也需要独处的时间。	提供许多以小组为单位和以儿童为导向的活动。有一个安静、私密的空间让孩子们可以独处。确保班级活动都在孩子们感兴趣的范围内,活动通常持续不超过20分钟。
儿童发展出牢固的友谊和强烈的需要玩伴的欲望。两个孩子之间的友谊具有灵活性,但是会持续很长时间;这些友谊经常是与同性玩伴建立起来的。孩子们对友谊的看法每时每刻都在变化,他们可能会利用承诺来控制彼此(比如,"如果你把球给我,我就做你的朋友")。他们可能会嫉妒自己的朋友关注别人,也可能会为了保护他们的特殊友谊而把其他孩子排除在游戏之外。	鼓励儿童建立特殊的关系,但当孩子们排斥他人或表现出嫉妒行为时,要以委婉的方式介入。让更多的孩子加入争吵的孩子可以缓和权力争斗。因为儿童的友谊会变得越来越明显,所以教师也更容易发现遭同伴忽视或拒绝的孩子。教师应该帮助这些孩子和其他孩子一起参加活动,并指导他们加入游戏。和孩子们一起阅读关于友谊的绘本,并与他们谈论如何成为一个好朋友。

4. 一幅变化的景象：3—5岁的儿童

(续表5)

儿童的发展水平	成人的帮助指导
社会性发展	
儿童越来越有能力跟随领导者或扮演领导者的角色。	儿童可以在一天中自然而然地成为领导者和追随者。比如，在表演游戏、户外活动、田野考察和音乐活动中。
分享和轮流现象变得越来越普遍。有时儿童能够用语言来解决他们之间的分歧和协商冲突。对于不满4岁的孩子来说，合作和分享仍然是一个挑战。有时孩子们会以一种具有攻击性的方式使用他们日益增长的语言能力（"你不能来参加我的生日聚会！"）。孩子们的分歧逐渐减少，而且他们常常会很快为自己的行为道歉。	该年龄阶段结束前，如果成人表现出合作和慷慨的榜样行为，并且在儿童未做好准备前不强迫他们分享，那么儿童将在大多数时间的轮流和分享中进行合作。鼓励孩子们用语言解决游戏中出现的问题。承认并鼓励儿童自发的分享行为，并为他们创造合作机会。
情感发展	
儿童对人们的差异性和相似性以及他们如何生活感到好奇。	帮助儿童理解人们在外形特征、家庭风格和文化方面有哪些相似和不同，以及认识到我们每个人都是独特的和有价值的。以尊重的态度对待孩子们，这样他们也会以同样的方式对待他人，并以诚实、平和的方式谈论差异性和能力不同的人。

(续表6)

儿童的发展水平	成人的帮助指导
情感发展	
帮助儿童互相欣赏,并认识到什么对每个人来说是公平的,否则他们有可能会产生偏见。	与儿童讨论什么是公平的和正确的(例如,分享来自特定文化的歌曲),以及什么不是公平的和不正确的(例如,表演"牛仔和印第安人"——书本上带有刻板印象的图画)。
儿童正在发展出彼此之间的真正的同理心,友谊也会更加长久。	对儿童表现出同情和关心,认可孩子们表现出的对他人感受的理解。支持友谊的发展,为你期望孩子们能够做出的行为树立榜样。
这个年龄的儿童越来越有能力照顾自己。如果他们之前有过集体生活的经历,那么他们通常能毫不费力地向父母道别。他们想要承担更多的责任,喜欢做成人做的事情。孩子们有明确的偏好。虽然他们很容易受到鼓励,但也很容易受到打击,他们需要积极的正强化。	让孩子们去做他们力所能及的事情(例如,自己倒果汁、洗手、挂衣服)。每天观察并与每个孩子交谈,了解他(她)能做什么。提供真实的物品给孩子们使用和玩耍。尊重孩子们的喜好,支持他们想做得更好的内在行为动机。除了孩子们感知到的自己的努力和进步外,他们不需要额外的奖励。

4. 一幅变化的景象：3—5岁的儿童

(续表7)

儿童的发展水平	成人的帮助指导
情感发展	
儿童越来越有能力管理自己的行为。他们可以等待一小段时间，并更加尊重他人的物品。他们也可能是幼稚的和喧闹的。	继续帮助儿童控制自己的行为。规划好每一天，以使他们等待的时间不会太长。充分利用孩子们的幽默（例如，谜语和一些无意义的单词会很有趣）。
有时他们会使用不恰当的语言。	不要给予使用脏话的儿童过多的关注，以免强化他们。向孩子们说明这些词在你的课堂中不允许使用。
儿童可能仍然需要一个成人来帮助他们管理强烈的恐惧、愤怒和挫败的情绪。孩子们仍然在试图理解什么是真实的，什么是虚构的，他们的想象力可能会制造新的恐惧。	接受孩子们的感受，帮助他们找到一种安全的方式来表达（"你很生气你的塔被推倒了。让我们在这里坐一会儿，等你感到足够平静了，我们可以和破坏它的小朋友谈谈"）。儿童读物可以帮助他们了解其他人如何面对和解决问题（例如，离婚、搬家、死亡、残疾、学习一门新语言，或者接受家里的一个新生儿等问题）。与孩子们探讨什么会真实发生，什么仅仅是假想。

本表资料主要改编自：Day，2004，pp. 65-78。其他资源包括：Bredekamp & Copple，1997；Schickedanz，1999；Miller，2001；Essa，2002；Berk，2004。

表3　5岁儿童

儿童的发展水平	成人的帮助指导
身体发展	
儿童能够跳跃、快速后退、在2英寸（约为5厘米）宽的横梁上保持平衡、跳下台阶、自信地单脚跳，以及拥有通常已经发展成熟的投掷和接球技巧。他们喜欢炫耀自己的身体力量。	儿童喜欢接球游戏，成人可以通过使用较大或较小的球和不同的投掷方式来适应不同能力水平的儿童。他们仍然需要密切的监督，尤其是当他们试图用新获得的能力进行大胆的尝试时。
随着儿童能力的提高，他们对涉及精细运动技能的活动的兴趣也会增加。孩子们在绘画、裁剪和粘贴等活动中越来越熟练。随着手眼协调能力的发展，他们对书写工具的操作能力也在提高。 在这个年龄，儿童是右利手，还是左利手，通常会很明显。	艺术活动很受5岁儿童的欢迎。让孩子们尝试不同的艺术形式和材料，不要以所谓"正确"的表达方式做出批判性评论。继续提供多种艺术素材，介绍各种艺术形式（如拼贴、水彩画和印刷）。 提供适合右利手和左利手的剪刀。
儿童可以帮助准备和摆放食物，并在很大程度上能够自己穿脱衣服。许多孩子在6岁时就能掌握系鞋带的技巧。孩子们享受自己能独立做事的快乐。	让儿童自己在餐桌上用餐。如果孩子们偶尔需要帮助（如系鞋带），请继续提供必要的帮助。在孩子们如厕时，尊重他们的隐私，但要提醒他们洗手。

4. 一幅变化的景象：3—5岁的儿童

(续表1)

儿童的发展水平	成人的帮助指导
智力发展	
儿童往往会有目的性地从事活动。他们正在增强提前计划的能力。	让儿童在参与课堂项目和活动时集思广益。让他们重新审视之前的工作，并在完成某件事情时自己做出判断。询问孩子们参与活动的情况。让他们尝试挑战并解决问题，思考接下来会发生什么，以及回顾自己的工作。
儿童仍然享受动手探索和学习的乐趣。他们的观察能力正在提高，他们更有可能将相关信息联系起来。	提供一个需要动手操作的、充满刺激的环境。给予孩子们时间和空间去探索。培养儿童的主动性和参与的持续性。支持与儿童年龄相适宜的、处于安全范围内的冒险行为。
儿童对形状的理解较为全面。他们能了解形状的不同部分以及它们是如何组合在一起的，一些5岁以上的孩子可能会掌握独立的几何特征（例如，"正方形有四条等边"）。孩子们能够很好地理解基本的颜色。	在不同的情境下为儿童提供不同形状、颜色和材质的材料。为幼儿提供艺术体验（例如拼贴画），使其能够感受不同的形状、颜色和材质。为儿童示范如何在保持形状不变的情况下滑动和旋转几何图形。让孩子们用牙签或吸管做几何图形的边。提供形状拼图（例如七巧板）让儿童操作。鼓励孩子们使用不同的形状和颜色制作图案。

(续表2)

儿童的发展水平	成人的帮助指导
智力发展	
儿童可以通过灵活地数数来解决各种各样的问题[包括那些涉及数字（计数）、加法和减法的问题]。	继续将数字融入儿童的日常活动。比如，在桌子上摆放正确数量的餐具，或在游戏中数一下需要移动的格子数。玩一些比较两组物体或符号数量多少的游戏。
儿童的词汇量继续增加，他们可以使用5000～8000个单词。儿童能够使用更完整和复杂的句子，并能够轮流对话。他们的问题变得与当前的话题更加相关。他们已经基本掌握了自己经常接触到的语法结构。	尽可能地回答孩子们的问题，鼓励他们通过不同的方式获得更多的发现。依次向儿童提问，并拓展他们的思维。
儿童逐步获得将字母与发音相匹配的能力。一些儿童将在今年开始阅读。书写技能因儿童的经验水平而异；大多数孩子将能够把一些真正的字母串在一起，并创造一些简短的单词（如妈妈、爸爸或自己的姓氏）。他们仍然经常会书写一些类似字母的形状，也会继续涂鸦。	抓住机会突出显示环境中的字母和发音。在教室里提供大量的纸张和标记工具，鼓励儿童自发地探索。孩子们可能会在创造具有个性化的字母时寻求帮助；成人可以使用不同颜色的笔写出字母的每个笔画，以帮助儿童理解字母是如何构成的。
通过练习，儿童可以讲述和复述故事。他们喜欢重复故事、诗歌和歌曲，也喜欢表演戏剧或故事。	鼓励儿童用不同的方式记录和表演他们的故事。孩子们的故事可以由成人记录下来，然后他们可以在表演区进行表演，也可以为自己最喜欢的故事配上插图。

4. 一幅变化的景象：3—5岁的儿童

(续表3)

儿童的发展水平	成人的帮助指导
智力发展	
儿童知道许多诗歌和歌曲的歌词，并喜欢唱歌。他们喜欢玩文字游戏。	儿童喜欢唱一些幼稚的歌曲，成人需探索可以玩"语言"游戏的、有趣的诗歌（比如谢尔·西尔弗斯坦和苏斯博士的诗歌）。成人还可以提供丰富的音乐活动（包括让儿童接触一系列的节奏乐器）。他们会很喜欢演奏"管弦乐"。
社会性发展	
这个年龄段的儿童喜欢合作游戏，通常喜欢有一两个特别的朋友的陪伴。儿童喜欢和别人一起进行表演游戏；他们也喜欢扮别人的角色，并在陌生人面前展示。他们也可能通过开玩笑和戏弄别人来博取关注。但是，他们有时也会变得害羞。	规划日程表并布置教室环境，以提供鼓励儿童进行合作游戏的机会，即为儿童提供充足的创作和表演时间，以及各种游戏道具和合作活动。为灵活的小组活动提供多种机会。

(续表4)

儿童的发展水平	成人的帮助指导
社会性发展	
儿童可以维持友谊。他们渴望来自同伴的友谊和尊重,新发现的排斥和冷落的社会力量会使友谊变得更加珍贵。	维持人际关系所需的社交技能不是儿童自动获得的;孩子们确实需要指导、监督和亲社会行为的榜样示范。
成对的和成组的孩子喜欢在一起玩很长一段时间。然而,他们可能会排斥其他同伴。儿童懂得拒绝他人的力量,他们可能会口头威胁要结束友谊或选择其他人。	成人可以时不时地加入儿童的活动,示范使用包容、友好的语言,并引导他们用积极的方式与他人相处。如果某些特定的孩子总是被欺负,那可能是因为他们缺乏游戏技巧——也许是他们太专横,或者对别人参与的游戏观察得不够敏锐。在这些情况下,成人可以训练儿童的社交技能。
儿童能够很好地合作、轮流、分享,尽管他们有时并不愿意这样做。他们也认识到其他幼儿有轮流的权利,并可能为他们挺身而出。有时,孩子们会拿别人的东西,然后撒谎。他们非常渴望成为一个好人,以至于当自己做错事的时候,他们不愿意承认。	使用口头鼓励来培养和认可亲社会行为。当孩子们自己难以解决冲突时,可以先等他们平静下来,然后在适当的时候,指导他们使用特定的语言和策略解决冲突。

4. 一幅变化的景象：3—5岁的儿童

(续表5)

儿童的发展水平	成人的帮助指导
情感发展	
儿童继续探索自己和他人之间的异同。但是，他们仍然主要以自我为中心，并通过自己的视角来理解世界。同性友谊变得更加牢固（尤其是对男孩而言），孩子们可能会选择性别定型的活动。	为儿童接受他人的差异提供榜样示范，并让孩子们接触到关于不同类型的人的信息。提供丰富多彩的活动，挑战孩子们的思维。支持男孩和女孩的不同游戏风格，接受个体差异。
儿童喜欢与人相处，能够表现出热情和同理心。	继续为儿童树立善良和同理心的榜样。当孩子们排斥或怠慢他人时，以小组的形式增进儿童对受伤害者的感受的理解。在一对一的情况下，或者和几个孩子一起，邀请被冷落的孩子描述他（她）的感受。
这个年龄段的儿童认真且负责。在一定范围内，他们是独立、能干和可靠的，而且他们通常能准确地评估自己的能力。	他们喜欢做帮手，并为自己在课堂上所拥有的特殊角色和任务而感到自豪。如果可能的话，让孩子们自主选择活动。要为儿童自己发起的活动留出大量的时间，以使儿童能满意地完成项目，从而培养其成就感和能动性。
儿童能够表现得很有礼貌和举止得体。他们更有自制力，并表现出更多的控制力。他们通常能很好地判断自己能做什么和不能做什么。	你的专注倾听和回应会强化儿童的良好行为。当儿童失控时，让其离开其他孩子一小段时间，这可能会帮助他们恢复平静，但将活动停止以作为一种惩罚，并不是有效的方法。

(续表6)

儿童的发展水平	成人的帮助指导
情感发展	
儿童也有强烈的情感,而且随着想象力的增加,他们的恐惧可能会增加。他们有时仍然会混淆幻想与现实。提高对世界的认知可能会带来可怕的现实。	当儿童感到害怕时,要安抚他们,要认真对待孩子们的担忧。成人要限制儿童接触过多或不适宜的大众传媒。无论是在家中,还是在更大的范围内,当创伤性事件发生时,要让儿童相信这绝不是他们的错误。

本表资料改编自:Bredekamp & Copple,1997;Schickedanz,1999;Miller,2001;Essa,2002;Berk,2004;Day,2004。

参 考 文 献

Berk, L. 2004. *Infants and children: Prenatal through middle childhood.* 5th ed. Boston, MA: Allyn and Bacon.

Bodrova, E., & D. J. Leong. 2003. Chopsticks and counting chips: Do play and foundational skills need to compete for the teacher's attention in an early childhood classroom? *Young Children* 58(3): 10-17.

Bowman, B. T., M. S. Donovan, & M. S. Burns, eds. 2000. *Eager to learn: Educating our preschoolers.* Washington, DC: National Academies Press.

Bredekamp, S., & C. Copple, eds. 1997. *Developmentally appropriate practice in early childhood programs.* Rev. ed. Washington, DC: NAEYC.

Copley, J. V. 2000. *The young child and mathematics.* Washington, DC: NAEYC.

Davidson, J. 1996. *Emergent literacy and dramatic play in early education.* Albany, NY: Delmar.

Day, C. B., ed. 2004. *Essentials for child development associates working with young children.* Washington, DC: Council for Professional Recognition.

Essa, E. 2002. *Introduction to early childhood education.* 4th ed. Clifton Park, NY: Thompson Delmar Learning.

Gestwicki, C. 1999. *Developmentally appropriate practice, curriculum, and development in early education.* Clifton Park, NY: Thomson Delmar Learning.

Gullo, D. F., ed. In press. *K today: Teaching and learning in the kindergarten year.* Washington, DC: NAEYC.

Hart, C. H., D. C. Burts, & R. Charlesworth. 1997. Integrated developmentally appropriate curriculum: From theory and research to practice. In *Integrated curriculum and developmentally appropriate practice*, eds. C. Hart, D. Burts, & R. Charlesworth., 1-27. Albany, NY: State University of New York Press.

Hart, B., & T. Risley. 1995. *Meaningful differences in everyday parenting and intellectual development in young American children.* Baltimore: Paul H. Brookes.

Hills, T. W. 1992. Reaching potentials through appropriate assessment. In *Reaching potentials, vol.1: Appropriate curriculum and assessment for young children*, eds. S. Bredekamp & T. Rosegrant, 43-63. Washington, DC: NAEYC.

IRA (International Reading Association) & NAEYC. 1998. *Learning to read and write: Developmentally appropriate practices for young children.* Joint Position Statement. Washington, DC: NAEYC.

Jablon, J. R., A. L. Dombro, & M. O. Dichtelmiller. 1999. *The power of observation.* Washington, DC: Teaching Strategies.

Jones, E., & G. Reynolds. 1992. *The play's the thing: Teachers' roles in children's play.* New York: Teachers College Press.

Kamii, C., & R. DeVries. 1980. *Group games in early education: Implications of Piaget's theory.* Washington, DC: NAEYC.

Kostelnik, M. J., A. K. Soderman, & A. P. Whiren. 1999. *Developmentally appropriate curriculum: Best practices in early childhood education.* 2d ed. Upper Saddle River, NJ: Prentice Hall.

Landry, S. H. 2005. *Effective early childhood programs: Turning knowledge into action.* Houston, TX: University of Texas, Health Science Center.

Leong, D. J. 2004. Personal communication.

Marulis, L. M. 2000. Anti-bias teaching to address cultural diversity. *Multicultural Education* 7(3): 27-31.

McAfee, O., D. J. Leong, & E. Bodrova. 2004. *Basics of assessment: A primer for early childhood educators.* Washington, DC: NAEYC.

Miller, K. 2001. *Ages and stages: Developmental descriptions and activities, birth through eight years.* Rev. ed. West Palm Beach, FL: Telshare.

NAEYC. 1995. Responding to linguistic and cultural diversity: Recommendations for effective early childhood education. Position Statement. Washington, DC: Author.

NAEYC. 1996. Developmentally appropriate practice in early childhood programs serving children from birth through age 8. Position Statement. Washington, DC: Author.

NAEYC. 2005a. Screening and assessment of young English-language learners (supplement, to the NAEYC position statement on early childhood curriculum, assessment, and program evaluation). Washington, DC: Author.

NAEYC. 2005b. *NAEYC Early Childhood Program Standards and Accreditation Criteria: The mark of quality in early childhood education.* Washington, DC: Author.

NAEYC & NAECS/SDE (National Association of Early Childhood Specialists in State Departments of Education). 2003. Early childhood curriculum, assessment, and program evaluation: Building an effective, accountable system in programs for children birth to age 8. Joint Position Statement. Washington, DC: Author.

Neuman, S. B., C. Copple, & S. Bredekamp. 2000. *Learning to read and write: Developmentally appropriate practices for young children.* Washington DC: NAEYC.

Odom, L. L., R. Wolery, J. Lieber, & E. Horn. 2002. *Widening the circle: Including children with disabilities in preschool programs.* New York: Teachers College Press.

Pianta, R. C. 2000. *Enhancing relationships between children and teachers.* Washington, DC: American Psychological Association.

Sandall, S., M. E. McLean, & B. J. Smith. 2000. *DEC recommended practices in early intervention/early childhood special education.* Denver, CO: Division for Early Childhood (DEC) of the Council for Exceptional Children (CEC).

Sawyers, J. K., & C. S. Rogers. 1988. *Helping young children develop through play.* Washington, DC: NAEYC.

Schickedanz, J. 1999. *Much more than the ABCs: The early stages of reading and writing.* Washington, DC: NAEYC.

Schweinhart, L. J., & D. P. Weikart. 1997. The High/Scope preschool curriculum comparison study through age 23. *Early Childhood Research Quarterly* 12(2).

Shonkoff, J. P., & D. A. Phillips, eds. 2000. *From neurons to neighborhoods: The science of early childhood development.* Washington, DC: National Academies Press.

Smilansky, S. 1990. Sociodramatic play: Its relevance to behavior and achievement in schools. In *Children's play and learning: Perspectives and policy implications,* eds. E. Klugman & S. Smilansky, 18-42. New York: Teachers College Press.

Stone, J. G. 2001. *Building classroom community: The early childhood*

teacher's role. Washington, DC: NAEYC.

U. S. Department of Health and Human Services. 2003, September. *The Head Start leaders guide to positive child outcomes.* Washington, DC: Administration for Children, Youth and Families, Head Start Bureau.

Vygotsky, L. S. [1934] 1986. *Thought and language*. Cambridge, MA: MIT Press.

拓 展 资 源

Alati, S. 2005. What about our passions as teachers? Incorporating individual interests in emergent curricula. *Young Children* 60(6): 86-89.

Aronson, S. S., ed. 2002. *Healthy young children: A manual for programs.* 4th ed. Washington, DC: NAEYC.

Bardige, B. S., & M. M. Segal. 2005. *Building literacy with love: A guide for teachers and caregivers of children birth through age 5.* Washington, DC: Zero to Three.

Bowman, B., ed. 2002. *Love to read.* Washington, DC: National Black Child Development Institute.

Bredekamp, S., & C. Copple, eds. 1997. *Developmentally appropriate practice in early childhood programs.* Rev. ed. Washington, DC: NAEYC.

Bright Horizons Family Solutions. 2003. *Ready to respond: Emergency preparedness plan for early care and education centers.*

Bronson, M. B. 1995. *The right stuff for children birth to 8: Selecting play materials to support development.* Washington, DC: NAEYC.

Burns, M. S., P. Griffin, & C. E. Snow, eds. 1999. *Starting out right: A guide to promoting children's reading success.* Washington, DC: National Academies Press.

Burns, M. S., C. E. Snow, & P. Griffin, eds. 1999. *Starting out right:*

A guide to promoting children's reading success. Washington, DC: National Academies Press.

Butterfield, P. M., C. A. Martin, & A. P. Prairie. 2004. *Emotional connections: How relationships guide early learning.* Washington, DC: Zero to Three.

Copley, J. V. 2000. *The young child and mathematics.* Washington, DC: NAEYC.

Davidson, J. 1996. *Emerging literacy and dramatic play in early education.* Albany, NY: Delmar.

Day, C. B., ed. 2004. *Essentials for child development associates working with young children.* Washington, DC: Council for Professional Recognition.

Derman-Sparks, L., & the ABC Task Force. 1989. *Anti-bias curriculum: Tools for empowering young children.* Washington, DC: NAEYC.

Dever, M. T., C. Kessenich, & R. C. Falconer. 2003. Implementing developmentally appropriate practices in a developmentally inappropriate climate: Assessment in kindergarten. *Dimensions of Early Childhood* 31(3): 27-33.

Dickinson, D. K., & P. O. Tabors. 2001. *Beginning literacy with language: Young children learning at home and school.* Baltimore, MD: Paul H. Brookes.

Diffily, D., & K. Morrison, eds. 1996. *Family-friendly communication for early childhood programs.* Washington, DC: NAEYC.

Dodge, D. T., L. J. Colker, & C. Heroman. 2000. *Connecting content, teaching, and learning.* Washington, DC: Teaching Strategies.

Dodge, D. T., L. J. Colker, & C. Heroman. 2002. *The creative curriculum for preschool.* 4th ed. Washington, DC: Teaching Strategies.

Dragan, P. B. 2005. *A how-to guide for teaching English language learners in the primary classroom.* Portsmouth, NH: Heinemann.

Dunn, L., & S. Kontos. 1997. What have we learned about developmentally appropriate practice? *Young Children* 52(5): 4-13.

Eggers-Piérola, C. 2005. *Connections and commitments: Reflecting Latino values in early childhood programs.* Portsmouth, NH: Heinemann.

Egley, E. H., & R. J. Egley. 2000. Teaching principals, parents, and colleagues about developmentally appropriate practice. *Young Children* 55(5): 48-51.

Falk, B. 2000. *The heart of the matter: Using standards and assessment to learn.* Portsmouth, NH: Heinemann.

Gartrell, D. 2004. *The power of guidance: Teaching social-emotional skills in early childhood classrooms.* Clifton Park, NY: Thomson Delmar Learning; Washington, DC: NAEYC.

Gestwicki, C. 1999. *Developmentally appropriate practice, curriculum, and development in early education.* Clifton Park, NY: Thomson Delmar Learning.

[Head Start] *Program performance standards for the operation of Head Start programs by grantee and delegate agencies* (45-CFS 1304). These regulations include *Facilities, materials, and equipment* (45-CFS 1304.53).

Head Start Bureau. 2003, Summer. *The Head Start path to positive child outcomes.* Washington, DC: U.S. Department of Health and Human Services, Administration on Children, Youth, and Families.

Healy, L. 2001. Applying theory to practice: Using developmentally appropriate strategies to help children draw. *Young Children* 56(3): 28-30.

Helm, J. H., & L. Katz. 2001. *Young investigators: The project approach in the early years.* New York: Teachers College Press. Available from NAEYC.

Heroman, C., & C. Jones. 2004. *Literacy: The Creative Curriculum approach.* Washington, DC: Teaching Strategies.

Hirsch, E. 1996. *The block book.* 3d ed. Washington DC: NAEYC.

Hohmann, M. 2002. *Fee, fie, phonemic awareness: 130 prereading activities for preschoolers.* Ypsilanti, MI: High/Scope Press.

Hohmann, M., & D. P. Weikart. 2002. *Educating young children: Active learning practices for preschool and child care programs.* 2d ed. Ypsilanti, MI: High/Scope Press.

Hyson, M. 2000. Professional Development. "Is it OK to have calendar time?" Look up to the star... Look within yourself! *Young Children* 55(6): 60-61.

IRA (International Reading Association) & NAEYC. 1998. *Learning to read and write: Developmentally appropriate practices for young children.* Joint Position Statement. Washington, DC: NAEYC. Also in Neuman, Copple, & Bredekamp 2000.

Jablon, J. R., A. L. Dombro, & M. O. Dichtelmiller. 1999. *The power of observation.* Washington, DC: Teaching Strategies.

Jalongo, M. R. 2004. *Young children and picture books.* 2d ed. Washington, DC: NAEYC.

Kaiser, B., & J. S. Rasminsky. 1999. *Meeting the challenge: Effective strategies for challenging behaviors in early childhood environments.* Ottawa, ONT: Canadian Child Care Federation.

Koralek, D. G., series ed. *Spotlight on young children.* Washington, DC: NAEYC. [Series titles on language, math, science, play, assessment, and the creative arts.]

Koralek, D. G., ed. 2005. Developmentally appropriate practice in 2005: Updates from the field. Special issue. *Young Children* 60(4).

Koralek, D. G., L. J. Colker, & D. T. Dodge. 1995. *The what, why, and how of high-quality early childhood education: A guide for on-site supervision.* Rev. ed. Washington, DC: NAEYC.

Koralek, D. G., D. T. Dodge, & P. Pizzolongo. 2004. *Caring for preschool children.* 3d ed. Washington, DC: Teaching Strategies.

Landry, S. H. 2005. *Effective early childhood programs: Turning knowledge into action.* Houston, TX: University of Texas, Health Science Center.

McAfee, O., D. J. Leong, & E. Bodrova. 2004. *Basics of assessment: A primer for early childhood educators.* Washington, DC: NAEYC.

Meier, D. R. 2004. *The young child's memory for words: Developing first and second language and literacy.* New York: Teachers College Press.

NAEYC. 1996. Developmentally appropriate practice in early childhood programs serving children from birth through age 8. Position Statement. Washington, DC: Author.

NAEYC. 2005, April. NAEYC code of ethical conduct. Position Statement. Washington, DC: Author.

NAEYC. 2005. *Self-study kit for program quality improvement.* Washington, DC: Author.

National Resource Center for Health and Safety in Child Care. 2002. *Caring for our children: National Health and Safety Performance Standards: Guidelines for out-of-home child care programs.* 2d ed. Department of Health and Human Services, Health Resources and Services Administration, Maternal and Child Health Bureau.

National Resource Center for Health and Safety in Child Care. 2002.

Stepping stones to using Caring for Our Children. Department of Health and Human Services, Health Resources and Services Administration, Maternal and Child Health Bureau.

Neuman, S. B., C. Copple, & S. Bredekamp. 2000. *Learning to read and write: Developmentally appropriate practices for young children.* Washington, DC: NAEYC.

Owocki, G. 2001. *Make way for literacy: Teaching the way young children learn.* Portsmouth, NH: Heinemann; Washington, DC: NAEYC.

Routman, R. 2003. *Reading essentials: The specifics you need to teach reading well.* Portsmouth, NH: Heinemann.

Rushton, S. P. 2001. Applying brain research to create developmentally appropriate learning environments. *Young Children* 56(5): 76-82.

Sandall, S., M. E. McLean, & B. J. Smith. 2000. *DEC recommended practices in early intervention/early childhood special education.* Denver, CO: Division for Early Childhood (DEC) of the Council for Exceptional Children (CEC).

Sandall, S. R., & I. S. Schwartz. 2002. *Building blocks for teaching preschoolers with special needs.* Baltimore, MD: Paul H. Brookes. Distributed by Redleaf Press.

Sanders, S. 2002. *Active for life: Developmentally appropriate movement programs for young children.* Washington, DC: NAEYC.

Schickedanz, J. 1999. *Much more than the ABCs: The early stages of reading and writing.* Washington, DC: NAEYC.

Schweinhart, L. J., & D. P. Weikart. 1997. The High/Scope preschool curriculum comparison study through age 23. *Early Childhood Research Quarterly* 12(2).

Shonkoff, J. P., & D. A. Phillips, eds. 2000. *From neurons to *neighborhoods: The science of early childhood development.* Washington, DC: National Academies Press.

Tabors, P. 1997. *One child, two languages: A guide for preschool educators of children learning English as a second language.* Baltimore, MD: Paul H. Brookes.

Tarr, P. 2001. *Early childhood classrooms: What art educators can learn from Reggio Emilia.* Reston, VA: National Art Education Association.

Torbert, M., & L. Schneider. [1993] 2005. *Follow me too: A handbook of movement activities for three-to five-year-olds.* Washington, DC: NAEYC.

Vogel, N. 1999. *Getting started: Materials and equipment for active learning preschools.* Ypsilanti, MI: High/Scope Press.

Wardle, F. 1999. In praise of developmentally appropriate practice. *Young Children* 54(6): 4-11.

Weitzman, E., & J. Greenberg. 2002. *Learning language and loving it: A guide to promoting children's social and language development in early childhood settings.* Toronto: Hanen Centre.

Worth, K., & S. Grollman. 2003. *Worms, shadows, and whirlpools: Science in the early childhood classroom.* Portsmouth, NH: Heinemann; Washington, DC: NAEYC.

Zigler, E., D. Singer, & S. Bishop-Josef. 2004. *Children's play:The roots of reading.* Washington, DC: Zero to Three.